破茧而生

走进离婚家庭孩子的内心世界

田国秀　陈盈◎著

北京出版集团公司
北京出版社

图书在版编目（CIP）数据

破茧而生：走进离婚家庭孩子的内心世界 / 田国秀，陈盈著 . — 北京：北京出版社，2019.1
　　ISBN 978-7-200-14477-2

　　Ⅰ. ①破… Ⅱ. ①田… ②陈… Ⅲ. ①离婚—家庭问题—研究 Ⅳ. ① C913.11

中国版本图书馆 CIP 数据核字（2018）第 259763 号

破茧而生
走进离婚家庭孩子的内心世界
PO JIAN ER SHENG
田国秀　陈盈　著

*

北 京 出 版 集 团 公 司　出版
北 京 出 版 社
（北京北三环中路 6 号）
邮政编码：100120

网　　　址：www.bph.com.cn
北 京 出 版 集 团 公 司 总 发 行
新　华　书　店　经　销
北 京 华 联 印 刷 有 限 公 司 印 刷

*

720 毫米×1000 毫米　16 开本　21.75 印张　265 千字
2019 年 1 月第 1 版　2019 年 4 月第 2 次印刷
ISBN 978-7-200-14477-2
定价：58.00 元
如有印装质量问题，由本社负责调换
质量监督电话：010－58572393

推荐序一

从 2003 年开始，中国社会的离婚率已经连续 15 年上升。这 15 年间，有 4169.5 万对夫妻办理了离婚手续。可见，离婚已经是一种发生率很高的社会现象。如何看待还在不断发生的离婚现象？如何评价离婚双方遭遇的痛苦经历？特别是那些因父母离婚而在单亲家庭中生活的孩子，怎样理解他们的痛苦与忧伤？

对于这些因离婚形成的社会问题，人们通常是怀着忧郁的心情发表自己的见解，表达的观点一般都不是乐观的。而摆在读者面前的这本书，却截然不同地从积极的角度，探讨了离婚双方怎样才能超越破裂的家庭关系，以积极的心态为遭遇了伤害的子女的健康发展而做出努力。作者努力引导单亲家庭中的孩子们，正确面对已经分离了的双亲关系，以舒畅的心情踏上成长发展之路。

本书的作者之一田国秀教授，是一名长期从事青少年心理和家庭关系研究的心理学家，发表了很多有广泛影响的学术成果。田国秀教授的一个基本观点是：家庭是由夫妻和子女组成的一个初级群体，当这个初级群体的结构关系保持完整与协调时，家庭的情感纽带、心理寄托、子女抚育、亲缘接续、传统承继等功能，都会在稳定的状态中维持和发展下去。正是因为家庭具有这些稳定的结构关系和功能作用，家庭不仅成为人类社会的最基本的单位，而且是社会发展运行的基石。因此，保持家庭结构的完整协调，无论是对于个体的日常生活，还是对于整体的社会发展，都是至关重要的前提。

然而，令人遗憾的是，在中国经济与社会进入40多年的快速发展中，家庭的结构与功能却出现了缺失、破损、弱化甚至扭曲的变化，大量的离婚夫妻和单亲家庭的子女，披上了令人为之忧虑的生活阴影。如何化解因夫妻离婚而产生的各种社会问题，特别是单亲家庭中的孩子们，怎样才能像双亲和谐的家庭中的孩子们一样健康成长，是心理学和社会学不可回避的一个重要社会问题。

田国秀教授的观点是：夫妻离婚标志着家庭结构解体，夫妻一方从原有家庭结构中退出，导致夫妻一方与孩子生活，另一方疏远甚至放弃孩子，使夫妻共同养育变成单亲养育，这种家庭结构的分解，是一些青少年产生很多严重社会问题的重要原因之一。她主张在家庭结构解体的情况下，应努力保全单亲家庭子女同其分离了的父母之间的亲情关系。

更具体地说，当夫妻关系不能维系时，离婚是必要的选择，但离婚夫妻一定要尽一切可能维护好亲子关系。让孩子享受父爱，让孩子得到母爱。为了孩子的身心健康和发展成长，离婚夫妻应当理性地处理好养育子女的问题，彼此分担孩子的生活与教育，为对方培育孩子创造有利的条件。作者不赞成离婚，但主张离婚后应努力尽到为人父母的责任。

　　本书文笔流畅，叙述生动，虽然是一部包含了很深刻心理学知识和人生哲理的著作，但作者用鲜活的个案来阐述这些引人深思的道理，以别开生面的风格而具备了广泛的可读性，不仅从事社会心理、家庭婚姻和青少年心理研究的学者可以参考借鉴，而且也是广大社会成员，特别是有离婚经历的社会成员和在单亲家庭中生活的青少年的有益读物，阅读此书会受到心灵的深层启迪。

刘少杰

中国人民大学社会与人口学院教授

2018 年 9 月 20 日

推荐序二

9月上旬的某一天，田国秀教授打电话请我为她的新书作序，我欣然从命，并保证9月底之前把序完成并发给她。但结果是我违约了，我并没能按时完成田老师交给我的任务。这一方面是因为我太忙了，确实，今年9月我工作特别繁忙，我自己有一个全国性的家庭教育论坛及一个全国家庭教育调研结果的发布会。但我当时的想法是：抽空读一读书，并忙里偷闲把田老师交给我的"工作"完成了应该不会有太大工作量，占我多少时间，所以这份"工作"我按时完成问题不大。另一方面是因为当我真的开始读这本书后，我发现自己不再想把田老师给我的任务仅仅当成一个"工作"来完成，我对自己说，我要好好读这本书，好好写这份序，写出我内心最真实的感受。

这种认识和态度的转变在于这本书真的打动了我，感动了我。我认为，这是田国秀、陈盈两位老师的诚意之作，是两位有社会责任感的学者面对一个迫切需要面对的社会问题进行深入研究之后交给学界和社会的一份沉甸甸的答案。于是国庆假期开始的前两天，我推掉了其他所有事情，认认真真地把书从头到尾又读了一遍，才动笔写这篇序言。

这些年来，随着离婚率的不断攀升，离婚家庭孩子的教育问题成为一个无法回避的课题。父母离婚已经是孩子的不幸，将离婚对孩子的伤害最小化，使孩子少受影响，最好不受影响，这不仅是一个善良的愿望，更是很多人实实在在的需要。田国秀、陈盈两位老师撰写的《破茧而生 走进离婚家庭孩子的内心世界》一书，不仅为徘徊在婚姻边缘的夫妻化解了燃眉之急，为单亲父母梳理了家教思路，为离婚家庭提供了养育方案，也为学界进一步研究离婚家庭孩子的教育问题提供了思路和方法。

本书共8章近30节内容，除了最后一章《离婚家庭青少年研究：中美比较》外，其他7章通过20多个真实的案例向我们讲述了一个个离婚家庭孩子的成长故事，特别有意思的是，这20多个真实的案例中的孩子虽然父母离婚，但他们都在健康成长。从这一个个不同家庭背景、不同情况导致父母离婚的孩子的成长故事里，每一个读者都能读到不同离婚家庭的最佳养育方案，给我们深深的启迪和满满的正能量。我个人认为这本书有以下几点启示。

第一，将离婚危机转变为教育契机。

我们无意为离婚唱赞歌。但如果婚姻确实出现问题，婚姻关系实在难以维系，离婚不失为一种及时止损策略。结束坏婚姻是一种向前看的思维方式，与其在坏婚姻里挣扎、纠结、难解难分，不如尽快挣脱出来，换一种生活环境，反而有利于孩子的成长。

已经有许多研究表明，长期生活在父母不和、纷争不断的家庭氛围里，比生活在离婚家庭里的孩子问题更多。原因在于恶劣、冲突的家庭环境使孩子长期压抑、心情不快、情感纠缠，难以拥有舒畅、喜乐的心态，导致孩子丧失生活激情，放弃对生活的盼望。

对孩子来说，告别不良的家庭环境意味着成长空间的转换。监护父母可以以全新的心态设计生活，从而开始新生活。与孩子共担家庭责任，陪孩子认真生活，可以成为有益的教育契机。

第二，保全亲子关系，为孩子的成长提供良好的环境。

夫妻作为后天关系，可以随着婚姻关系的解体而解体，但亲子关系永远无法解体。要想减少父母离婚对孩子的伤害，离婚父母一定要将孩子的健康成长作为第一考量，并通过维护恰当的关系实现这一良好愿望；要整合孩子身边一切资源，尽一切可能为孩子的成长提供良好的成长环境。

夫妻离婚势必导致单亲父母养育孩子，作为监护人的一方要理性看待离婚，调整心态，用自身的力量守护孩子的健康成长。作为非监护人的那一方，虽然不承担法律上的监护责任，但要承担心理关怀和精神养育。监护人一方要为非监护人一方创造机会，提供方便，使其保持与孩子的沟通、相处和联系。定期见面，频繁走动，让孩子享受到该有的父爱或母爱。对于孩子身边的其他亲人，如父母再婚后的另一方，祖父母、外祖父母或其他亲人都可以为孩子的健康成长提供帮助。

第三，孩子是家庭的重要支点，具有不可忽视的成长力量。

有人认为，孩子太小，难以承受父母离婚的打击。为避免给孩子造成不利影响，很多离婚夫妻故意隐瞒离婚事实，假装还在一起，扮演恩爱夫妻。殊不知，大人的一言一行根本逃不过孩子的眼睛，即使孩子佯装不知，也不意味着他蒙在鼓里，果真不知。很多时候，只不过是他陪着父母一起做游戏而已。

隐瞒不如正视。将离婚的事实告诉孩子，坦诚表达无助与求助，寻求孩子的理解与支持。孩子可以成为倾听者，当你无处表达、无处纾解时，可以跟孩子聊聊。可能他无法化解你复杂的心绪，但他真诚的眼神，能帮你清理自己。也许他无力回应你迫切的求助，但他毫无保留的亲昵，能助你坚强自己。孩子可以成为陪伴者，有他在你会变得坚强。孩子可以成为支持者，他的理解与鼓励，会使你勇气倍增。

同时，父母一定要相信，孩子身上有不可忽视的成长力量。处理得当，父母离婚这一事件也能激发孩子内在的心理能量、挖掘出孩子身上的潜力。所以，我们要相信孩子，与孩子一起面对家庭这一重要的、负面的生活事件，让这一事件转变成孩子成长的一个机会。

以上这些，是我阅读本书之后的"读后感"，是作者耗费大量时间和精力用心筛选出来的那一个个案例告诉我们的。

需要特别指出的是，本书中的每一个案例都由"家庭故事""孩子心语""父母独白""解读与点评"几部分组成，并用《离婚家庭青少年研究：中美比较》作为最后一章。所以本书既具有很强的可读性，同时也是一部有关离婚家庭孩子的教育问题的学术著作。既适合广大家长阅读，又适合家庭教育指导师、家庭教育研究者等不同层次的几类读者阅读。

总之，这是一本视角新颖，观点独到，富有现实意义的好书。我很愿意向读者推荐。

是为序。

边玉芳
北京师范大学儿童家庭教育研究中心主任、教授
写于 2018 年国庆

序

很久以来，人们似乎习惯了这样的推理：父母离婚必定对孩子产生伤害，受到伤害的孩子就会出现问题。于是，很多媒体报道、不少研究报告在分析孩子出现问题的成因时，往往列出一条"这个（这些）孩子出自离婚家庭"。

父母离婚对孩子会有影响，但一定是坏的影响吗？有些孩子出自离婚家庭，成长、发展很正常，不但没有出现问题，还很优秀，是什么在起作用呢？当父母婚姻触礁，离婚已成定局，孩子如何少受伤害？即使受到伤害，要想不影响孩子健康成长，家庭、学校、社会如何积极应对？

出于对上述问题的思考与解惑，2013年以来，我们在1500份调查问卷的基础上，选取200多个案例进行深度访谈。访谈对象全部满足下述条件：年龄为12~19岁的青少年；父母离婚；个人发展良好；良好标准是心理、学业、人际关系正常且中等偏上；经过老师或社区推荐。资料获取采用个案访谈，每个访谈时间是1.5~3.5小时，逐一进行录音誊写、资料编码和案例分析。

随着资料的整理与归类，一个个鲜活的故事，一张张自信的面孔，一段段深刻的反思，一句句令人深思的话语，呈现在我们面前。故事是孩子们讲的，当中也传递了父母的声音，加上我们的解读与点评，渴望向读者表达以下观点。

第一，青少年面对父母离婚时，绝不是消极被动、任人摆布的，而是积极应对、有勇有谋的。

第二，与单亲父母生活，孩子有能力发挥社会支持网络的作用，从精神、心理、工作等方面给予支持。

第三，离婚使不少父母处于经济拮据、孤立无援的境地，孩子反而被激发出顽强、坚韧、主动、进取的人格品质。

第四，孩子成为离婚父母与祖父母、外祖父母家庭保持联系，争取资源的桥梁与纽带。

第五，夫妻离婚意味着家庭结构解体，维护关系是降低伤害的关键环节，保全亲子关系是离婚双方必须坚持的原则。

第六，孩子是家庭的资源，不是家庭的拖累，以优势视角看待孩子，危机可以转化为契机。

第七，危机是危险与契机的合体，离婚是危机，也是契机，是家庭重整、家人重生的契机。

第八，当离婚不可避免时，利用这个契机，激活孩子的抗逆力，有可能转危为安，因祸得福。

美国的离婚高潮出现在20世纪70年代，被美国学者称为"井喷式"爆发。从那以后，美国诞生了许多针对夫妻离婚、离婚家庭孩子教育的项目和机构，开展了一系列卓有成效的研究和干预。我们在本书最后一章专门介绍了美国的做法，并与中国学者的研究加以对比。希望为读者提供更为广阔的视域。

有人说，离婚率攀升与经济高速发展呈正相关。在一定的时期内，中国社会的离婚率仍然会居高不下。在我们倡导全社会营造好家风，学做好父母，培育好孩子的同时，提醒人们不要对离婚污名化，更不要对离婚家庭的孩子抱有刻板印象，从正向、理性的视角看待离婚，挖掘离婚家庭孩子的抗逆力，是本书特别想呈现给读者的观点。

田国秀
2018年9月

CONTENTS
目录

第一章　离婚，未必是坏事
1　止损，结束坏婚姻 _02
2　离婚带来家庭转机 _14
3　孩子是重要当事人 _25

第二章　单亲妈妈伴我长大
1　妈妈，我有能力陪伴你 _38
2　妈妈的成长给我力量 _49
3　母女一心，其利断金 _61

第三章　爸爸在，家就在
1　爸爸带我走天涯 _72
2　和爸爸一起过日子 _85
3　父爱如山 _93

第四章　婚可以离，亲情不能离
1　夫妻可以分开，亲子无法分开 _104
2　爸爸的前妻，还是我妈 _115
3　妈妈的前夫，还是我爸 _126

第五章　亲人陪我走人生

1　没妈的日子照样过 _138
2　亲人为我遮风挡雨 _149
3　爷爷奶奶给了我精神力量 _159
4　没有血缘的亲人 _170

第六章　窗外依旧有蓝天

1　朋友、音乐让残缺变完美 _184
2　老师、同学温暖了我 _196
3　网友陪我走出人生低谷 _205
4　读书为我的人生打开了一扇窗 _216

第七章　我们也是正常孩子

1　父母离婚对我的影响有限 _226
2　离婚是一把"双刃剑" _233
3　父母离婚使我长大 _241
4　离婚危机变成成长契机 _253

第八章　离婚家庭青少年研究：中美比较

1　离婚家庭青少年：中国学界的研究 _266
2　父母离婚对孩子的影响：美国学界的研究 _275
3　离婚危害最小化：美国推行离婚教育的做法与借鉴 _297
4　抗逆力：关注离婚家庭的重生能力 _319

第一章

离婚，未必是坏事

1 止损，结束坏婚姻

不是每一段婚姻都情投意合，夫唱妇随。有的情感基础不牢固，有的夫妻关系不协调，有的"三观"渐行渐远，有的性格不合、沟通不畅，有的他人干预，结构受损……总之，坏婚姻是存在的。

婚姻从来不是两个人的事，双方父母及其亲人，特别是孩子，都是不容忽略的当事人。夫妻反目、争吵打闹、拳脚相加，最后深受其害的是孩子。久而久之会导致孩子缺乏安全感、情绪紧张、心理恐惧。最终，这会令孩子心理受伤、学业受损、自我怀疑、与人隔离，造成孩子成长全面受阻。

结束坏婚姻，意味着及时止损，终止不利影响的持续，防止恶劣后果的加倍或膨胀。从理性发展角度看，这是一种积极的、建设性的处理方式。

| 家庭故事 |

妈妈努力，编织经济保护网

小河父母的婚姻像一场泥石流，卷集着越来越多的石头、树木，冲击而下。幸运的是，小河妈妈带着他及时转弯，避开了更大的伤害。

小河瘦瘦的身躯，体现着十七八岁男生特有的那种骨感的单薄，但他的眼中却透着坚毅与果敢，彰显着一种本不属于花季少年的成熟。生活中，他习惯饿了才吃东西，吃什么都无所谓，只要能吃饱就行；他也习惯于冷了才添衣，穿什么都无所谓，只要能保暖就行。

小河9个月大时便跟随父母从家乡来到大城市，小河妈妈没有太高的学历，但却着实是位"女强人"。她从摆摊儿卖鞋开始，天不亮就去进货，为了省交通费居然把货背着走回家，此外，她还经常去商场、超市研究哪些样式的鞋最受欢迎。一个人照顾生意脱不开身，她就早晨从家里带上干粮，中午自己凑合一口。风里来雨里去，小河妈妈的地摊儿变成了小店面，小店面又升级成了大店，然后开拓了分店……她在陌生的环境中打拼出了自己的一份产业。那时候，她赚来的几百万元足够一家人在这座繁华的大城市买房、买车，安居乐业。可是，这份用爱与汗水交织的经济保护网却没能维护家庭的完整，反而加速了家庭的破裂。

爸爸赌钱，妻儿"花钱"换自由

小河爸爸没有稳定工作，不是嫌活儿太累，就是嫌挣不了几个钱。当小河妈妈忙碌的时候，他却在家做做饭、看看电视、交交朋友。朋友中少不了同富贵不患难、见钱眼红的人，他们拉拢着小河爸爸从小赌开始，教他打麻将、玩骰子，还给他本金，输了也不用他还。最初，小河爸爸只是和几个朋友在家里玩儿，后来，他们便发展到去地下赌场玩儿。刚开始小河爸爸输了钱朋友们不叫他还，但不久朋友们便逼迫他写下一张张欠条。慢慢地，小河爸爸陷入赌博的泥沼，沉溺于此不能自拔。输了钱，他便找借口从小河妈妈那里骗钱；骗不来钱，就和小河妈妈明目张胆地打架要钱；要不来钱，就直接以小河妈妈的名义去抵押。赌债越来越多，小河爸爸对小河妈妈和小河越来越无情。小河妈妈想离婚，可小河爸爸不同意，几经波折，小河妈妈用自己辛辛苦苦攒下的所有积蓄，换得了自己和小河的自由。

在小河的记忆中，有爸爸在的日子是痛苦的。爸爸妈妈没离婚时，爸爸从不管自己的学习，也不管自己的生活。小河回到家，听见的，是爸爸和麻友们的嬉笑怒骂，这让他心烦意乱；闻到的，是满屋的烟味、令人作呕的酒气；看到的，是盘绕在屋子里的烟雾、来不及收拾的锅碗盘碟。爸爸妈妈离婚后，母子二人搬离了原来的住所，切断了与爸爸的一切联系。他们换了座城市生活，希望一切从头开始。

| 孩子心语 |

小河说："他俩的婚姻是个恶性循环。"

我爸那人，对朋友的事情特别上心，特别讲义气，但是也交了很多狐朋狗友。我上小学那会儿，我妈做生意，挣了很多钱，但是我爸那会儿就跟那些朋友在一起，赌博玩牌，后来越玩越大，最后把钱都输光了。我爸有的时候还喝酒，但他酒品又不大好，喝完酒就耍酒疯，打我妈。我那时也还小，我妈后来就跟他过不下去了。最后形成一个恶性循环，我爸把家里的钱全拿去赌博，输了就喝酒，喝醉了就发酒疯，然后继续赌，最后把我妈挣的钱全败光了。我印象特别深刻的一次，小时候不是有一种跳跳糖嘛，当时好像是一毛钱一袋，我想吃，跟我妈要一毛钱，看见她面露难色（说到这里，回忆起小时候家庭困难的那段时光，小河的眼眶湿润了），然后……我就没要了，当时我心里真的特别难过，才一毛钱啊，怎么就……

小河说："我觉得他们离婚给我带来的影响是正面的！"

我记得他们跟我说离婚了，我说："挺好，离了多好啊。"我觉得如果他们在我很小的时候离婚，对我还会有一些不好的影响，但我已经长大了，觉得无所谓。他们离婚后不会再打架，对我反而是有好处的，现在，我和妈妈一起生活，觉得更幸福了。

|父母独白|

妈妈说："没能给儿子一个完整的家。"

谁愿意离婚呢？特别是我们还有孩子。我和孩子他爸没能走到头，中途离婚，没能给孩子一个完整的家，感觉对不起孩子。尤其当看到别人家其乐融融时，我就更加觉得对不住孩子。

可我实在没有办法，确实没法和孩子他爸过了。孩子他爸赌博，被人追债，生活挥霍，对我实行家暴，且这些行为越来越恶劣。我不是没有努力过，帮他还债，站在孩子的角度劝他，让他父母出面说他，但是没用，说什么都没用。再跟他拖下去，我们娘儿俩的命都得搭上。孩子他爸成天跟我闹啊，不但弄得我没办法做生意，而且吵得孩子没办法学习。他打起人来，像疯了一样，把孩子吓得大哭。这几年已经产生不良影响了，孩子小小的年纪，整天忧心忡忡。孩子总担心有人来家里要债，总害怕他爸爸跟我打架，总劝我别理他。怎么能别理他呢？只有一条路，躲开他，躲他远远的，跟他一刀两断，井水不犯河水，大家都清净。

我知道离婚对孩子不好，他会失去爸爸的关怀。但你想想，摊上这么样一个爸，对孩子有什么好呢。还不如当作没有的强。

妈妈说："希望儿子引以为戒，不要成为他爸爸那样的人。"

我和孩子他爸离婚七八年了，孩子都上高中了。我经常跟孩子念叨的一个话题就是千万别做你爸爸那样的男人，让老婆、孩子遭罪。我真无意在孩子面前诋毁他爸爸，他们毕竟是父子，血缘是剪不断的。但我最怕他爸的坏毛病、坏习惯、不良形象影响孩子。一个男人，你可以没本事，你可以挣钱少，你也可以窝囊，但你绝对不可以赌博，不可以打老婆，不可以不负责任。

所以，为了孩子，我要跟他离婚。我怕孩子跟他一起生活久了，会学他，会潜移默化地受他影响。因为孩子小，不懂事，很多事情分不清好坏，如果孩子学习他，那就完蛋了。为了孩子，我要离开他。

妈妈说："离婚迫使儿子独立成长，我感到欣慰。"

起初我也很纠结，离婚后，孩子会见不到爸爸，但对于这样的爸爸，我不敢让他见，真的实属无奈。

现在看来，我觉得还好，孩子并没有受到什么不好的影响。他现在已经上高二了，是班里的学习委员，学习特别用功。他关心同学，主动帮老师分担工作，为班集体做了很多事情。他的班主任每次见到我都夸我孩子，说他有担当、有责任感，像个男子汉。你知道我听到这些有多欣慰吗。这恰恰是我跟他爸爸离婚带来的好处。

快10年了，我们娘儿俩一块过，也会有难处。一个女人，家里家外都要管，肯定难啊！我不回避孩子，有困难时我肯定告诉他。时间一长，孩子的责任感、承担感自然就被培养出来了。他要帮我，要帮我支撑这个家，要为我们的未来创造更好的条件，他知道，靠妈妈一个人是不行的。他经常跟我说："有我呢！"这些年，我真的体会到，这个家是我们两个人的，他在家里具有不可替代的作用。他对我的精神支持、心理支持是巨大的。我经常问自己，如果没有孩子，我能不能扛到今天？答案是肯定不能，孩子是我的精神支柱。

‖ 解读与点评 ‖

终止坏婚姻是明智之举

百年好合，海枯石烂，都是人们对美好婚姻的祝愿。人们之所以发出这样的祝愿，是因为现实中的确有不少坏婚姻、不少令人唏嘘的糟糕婚姻。一段姻缘，如果确实千疮百孔，确实不可救药，确实难以挽回，那明智之举就是当机立断、彼此放手。

这样做，对婚姻双方都有好处。小河爸爸赌博、欠债、家暴，已经令家人不胜其烦，深受其扰。作为丈夫、爸爸，他不但没有成为家庭的建设者、贡献者和支持者，反而成为家庭的破坏者、消耗者和危机制造者，并且直接对小河妈妈构成风险与伤害。这样的婚姻再持续下去，只能是损失加倍、危机四伏，甚至有可能将整个家庭带入沼泽。在小河妈妈无力改变小河爸爸的情况下，离婚就是一种改变。离婚使小河妈妈和小河脱离危机、躲避风险，将损失降到最小。

这样做，对小河有好处。孩子一定是坏婚姻的受害者，更是无辜者。婚姻一方或双方的无德无能，往往会殃及孩子。将孩子带入争吵，强迫孩子目睹暴力，使孩子担惊受怕，把孩子作为替罪羊，发泄情绪，施与拳脚，这些都是坏婚姻的罪孽，甚至影响孩子未来的恋爱与婚姻。为了挽救无辜的孩子，避免孩子遭受不必要的威胁与伤害，必须结束这样的婚姻。无论是母亲还是父亲，都要把孩子带离危险、无德、有害的一方，保护孩子，给孩子一个安宁、平静、安全的生活。

肯承担是好丈夫、好父亲的底线

小河爸爸所有的不良行为可以归结为一点：缺乏承担意识。缺乏承担意识的男人源于自己没有真正长大，生理上是成人，心理和人格上并不具备成人素质。他们躯体发达，但在自我认识、自我觉察、自我反思、自觉、自律等方面还停留在少年或是青年前期。所以面对妻子的忙碌、辛劳，他不但不理解、不支持，反而指责妻子不在家，不照顾他，不围着他转。可以想象，什么样的男人还需要妻子天天伺候自己、事事照顾自己、时时围着自己，这样的男人往往是没有完成成人化的。

走进婚姻的男人并不等于就能够承担丈夫和父亲的责任和义

务。这提醒即将走进或者已经走进婚姻中的女性，找丈夫务必要关注男性的成熟程度，这里特指男性心理、人格、社会化方面的成熟水平。一个没有完成成人化的男人，还在男孩的进程中，习惯于以男孩思维、男孩视角、男孩心态看待事情，处理问题，还不具备担当丈夫与父亲角色的能力与素质。

改变坏行为的关键是开始新的学习

小河妈妈特别担心儿子走上父亲的道路，成为一个不承担、没有责任感、不懂得珍惜的男人。从一定意义上说，选择离婚也是为了让儿子少受毒害。我们之所以肯定这位母亲的做法，是因为她的选择更有利于儿子的成长。

如果不离婚，小河爸爸的不良言行就会影响孩子的生活环境，即使小河妈妈给予提醒，加以防范，也难以杜绝孩子与父亲接触，对父亲模仿，向父亲学习。久而久之，孩子就会在社会化学习的过程中沾染甚至认同父亲的很多言行与习惯，这正是小河妈妈所担心的。

人的行为都是学习的过程，学习过程就是适应的过程。为了避免学习者对坏习惯、不良言行的学习与适应，根本方法在于帮助学习者开始新的学习。新学习离不开新环境，新学习就是对新环境的适应。小河妈妈选择离婚，将孩子带离小河爸爸，为孩子创设一个新的环境，就意味着小河新学习的开始。小河妈妈以自己勤劳、坚韧、肯承担、善良、关怀的言行，为孩子营造了一个新的成长环境。尽管过程有些艰难，尽管孩子会缺少父爱，但因为基调是积极的、健康的、建设性的，对孩子的影响就是良好的。

因势利导，让缺损变成拥有

夫妻离婚，妈妈将儿子带离家庭，远离父亲，从此母子相依，父亲角色缺失。从理论上说，家庭缺少任何一方都是不理想的，会在一定程度上影响孩子的亲子联结。

小河爸爸没有尽到父亲的职责，反而对孩子产生了不利影响，小河妈妈和小河远离他也是一种无奈之举。在此情况下，妈妈要加倍关心、关爱孩子，弥补父爱缺失的遗憾。此外，父爱缺失导致的功能缺位，也迫使孩子快速成长，发挥功能。儿子作为家庭中的男人，必须顶替爸爸帮妈妈分忧、替妈妈解难。与一般家庭相比，这类家庭的儿子需要较多承担本应由爸爸承担的责任，比如，帮妈妈搬重物，替妈妈照看生意，给妈妈做饭，帮助妈妈做家务，等等。这一切都会磨炼孩子的意志，丰富孩子的经历，增强孩子的体验，提升孩子的能力，这对于将儿子养成肯于担当，富有责任，能力较强，经验丰富的男子汉、成熟男人都有积极作用。

　　这是优势视角的思维范式，从积极面看待事物，在不幸当中寻找万幸，从挫折当中发现成长，于危机之中抓住契机。离婚是家庭生活的不幸，但当婚姻无法继续、无力维护的时候，结束婚姻，走出婚姻，不失为一种明智之举。即使离婚带给我们诸多损失，我们也要将缺损转变为拥有。父亲缺失加速了儿子的成长与成熟，正是这种转变的具体体现。

2 离婚带来家庭转机

多数人认为离婚不是好事，毕竟两个人走到一起，是缘分。"一日夫妻百日恩"，怎么能说离就离呢？怎么能情断缘绝呢？几千年来，"宁拆一座庙，不毁一桩婚""嫁鸡随鸡，嫁狗随狗""为了孩子誓死不离婚"等观念被许多社会成员接受、认同甚至身体力行。

但是，离婚一定是坏事吗？离过婚的女人一定没人要吗？离过婚的男人就是"二手货"吗？不尽然。如果原有婚姻确实名存实亡，夫妻双方确实相互伤害，给孩子、给家人的确带来不尽的痛苦与纠结，结束它，开始新的生活，不但有必要，而且有可能。

| 家庭故事 |

母女相依，虽艰苦，但安心

城乡接合部的一处平房大院里，住着正梅和妈妈。正梅在城中心的中学读高二，用的书包还是上初一时买的，塑料水壶磨得不再清透，八百块钱的手机是她身上最值钱的东西。

正梅五年级时父母离婚，妈妈带着她"净身出户"。在社区干部的帮助下，妈妈谋到一份单位食堂的保洁工作。收入不多，扣去房租、水电费，生活有些拮据。妈妈都是晚上买菜，因为那时急于收摊的小贩会甩货。但家里每天都有牛奶，这是给正梅加营养的，可她很少喝。衣服、文具、手机都是用了很久的，正梅知道妈妈一个人挣钱不容易，不到万不得已，绝不向妈妈开口买新东西。

与大多数同学的吃穿、见识相比，正梅显得寒酸、局促。别人会同情她，觉得她没有完整的家，没有良好的经济条件，但正梅却十分坦然且快乐，因为比起以前的日子，她已经觉得很甜蜜了。她说："现在我和妈妈生活得很好，我一点儿都不觉得苦，如果他们不离婚，那样的日子才叫苦。"

曾经的家，真不像家

正梅的爸爸深受父母疼爱，是个典型的"妈宝男"。正梅妈妈心地善良，说话直爽，吃苦耐劳，可这个能干的儿媳妇并不讨公婆喜爱。婆婆总觉得儿子可以找个更好的女人做老婆，找个外地人，让家人没面子。正梅妈妈进门后不但受到公婆的百般挑剔，说急了，公婆还会对正梅妈妈动手，即便正梅妈妈怀孕时都没能幸免。而且在婆婆的撺掇下，正梅妈妈的小姑子经常与她作对。而正梅爸爸，面对母亲和妹妹的无礼与刁蛮，从不敢上前劝阻。在正梅爸爸眼中，媳妇远远不如自己的母亲重要，听多了母亲和妹妹对媳妇的抱怨与不满，正梅爸爸对正梅妈妈的不满也越来越多，经常因为鸡毛蒜皮的小事和正梅妈妈大吵大闹，甚至大打出手。有时正梅也被迫加入"战斗"：把爸爸从妈妈身上拉起来，拉不起来就抓他头发……正梅五年级时，妈妈忍无可忍，和正梅爸爸离婚。正梅爸爸主动放弃了女儿的抚养权，也从没给过娘儿俩一分钱的抚养费，从此便消失在她们娘儿俩的生活中了。

在正梅的脑海中，从来就没有过一家三口其乐融融的景象。充斥在她记忆中的，是父母吵不完的架，动不完的手。妈妈的哭喊声、爸爸的咆哮声、锅碗瓢盆的摔落声，所有声音带来的都是紧张、恐惧、无助，她巴不得爸爸妈妈分开。爸爸妈妈离婚后，正梅与妈妈相依为命，虽然经济条件大不如以前，但至少生活落得清净、安宁。娘儿俩的感情也在这粗茶淡饭中慢慢发酵，变得愈加浓厚。

| 孩子心语 |

正梅说："谢天谢地，他们离婚了。"

他们要是不离婚，那我就毁了。我记忆里从来没有一家子和睦美满的画面，他们总是打架。我爸打我妈，我妈也打不过我爸，毕竟他是个男的，劲儿大。我爸往我妈脑袋上打，我爸当过兵，就那种过肩摔，把我妈摔地下了。有时候我爸把我妈摁在床上打，我特别害怕，就冲上去咬我爸。有一次，他们在厨房打架，我实在看不下去了，我就把东西都扔地上了，然后坐地上边哭边蹬脚，因为地面非常粗糙，我穿着拖鞋，把脚后跟都磨掉皮了。除了哭我还嚷，因为我一哭一嚷，我爸和我妈就不打了，我妈就过来管我，然后我爸也就作罢。记得那次我哭得站都站不起来了，后来嗓子都说不出来话，脚也掉皮了。我真想有个橡皮擦，把这些不好的记忆都擦去。

正梅说："我妈离婚是对的。"

这么多年，我真心替我妈感到委屈，所以他们离婚挺对的。老人们都说什么别离，还是能凑合就凑合。但我觉得时代不同了，过不下去就离嘛，为什么非勉强在一块儿过，这样整天打架弄得谁心里都不好受，我还老担惊受怕的，怕我爸打我妈，怕有一天我爸把我妈打死。我都快落下心病了。现在好了，我和我妈过着清静的日子，虽然没钱，但我宁愿过现在的苦日子，再不想和他过了。

正梅说："苦难逼着我长大。"

我妈有时候没主见，什么事也会跟我说，换住处、交房租、修东西、人情往来什么的，都会征求我的意见，虽然我也不懂，但我会试着去想，给她出主意。有时候我妈会按我说的做，然后结果还挺好的，她就越来越喜欢问我的意见了。我也特高兴，感觉自己越来越有用了。您说一般家庭要是有个在市重点中学上高二的孩子，谁总在家里做家务啊，好多父母都觉得只要你成绩好，其他的你什么都不用管，结果高分低能。我觉得自己这样挺好，学习也没耽误，各种家务活我也都学会了，比同龄人成熟得早。因为父母不可能陪你一辈子啊，无论是主观的还是客观的，现在即便离开妈妈，我自己也能生活得挺好，我妈肯定也会很欣慰的。

| 父母独白 |

妈妈说:"再不离婚,女儿一辈子跟我受委屈。"

嫁给了这么个人家,我真没想到。公公婆婆嫌弃我,嫌弃我家是农村的,嫁给他们家是我高攀了。他们总挑我毛病:洗菜,嫌我滴答水;扫地,嫌我起灰;侍弄孩子,嫌我家孩子老哭……反正我做什么他们都看不上,小姑子也特别胡搅蛮缠,可自私了,什么都得让着她,吃一点儿亏都不行。

我那个前夫不顶事,听他妈妈的,听他妹妹的,她们说什么,他就信什么,我说什么他都不信。我总是跟他生气,生气就吵。我们几乎是天天吵,吵急了他就动手。他第一次打我时,孩子只有几个月大,把孩子吓得,都快哭死过去了。一开始,我还想,忍一忍就过去了。没想到,越忍,他们家人越认为你好欺负,就越是欺负你。所以,后来我决定离婚,不为别的,就算为了我女儿,我也得离婚。

妈妈说:"我自己受委屈可以,可不能让孩子一直受委屈!"

生在一个父母不和的家庭里,孩子真受委屈。回想没离婚那些年,孩子真受委屈。她爸爸跟我打架,几乎每次都会牵连孩子,孩子就会哭。孩子一哭，我就得护着孩子，他见我护着孩子，连孩子一块儿打！

我后来看不起他了，一是因为他只听他妈妈的、他妹妹的，没有主见。一个男人没有主见，不会有大出息的。二是我们俩打架时，他捎带孩子，这更不应该啊。两个大人之间的事，你打孩子干吗？什么人才能对自己孩子下手，而且不分青红皂白。所以，我恨他，看不起他。

妈妈说："女儿确实是我的小棉袄。"

老话说，"穷人的孩子早当家"。这句话在我们家孩子身上特别适用。我们娘儿俩的日子挺难的，因为我没什么技术，挣不了太多，日子总是紧紧巴巴的。孩子挺懂事，她能帮着我算计着过，有时候，我想买的东西，她还管着我呢，不让我瞎花钱。现在，基本是她当家，每个月水电费是多少，米面多少钱，必需的花销是多少，她比我清楚，总提醒我要计划着花。在她的计划下，有时还能省点儿钱，我们娘儿俩再添件衣服什么的。

孩子也特别心疼我，只要她在家，都是她做饭，她抢着收拾屋子、洗衣服。她说："您从早到晚给别人打扫卫生，咱家的卫生就别管了，我弄就行了。"孩子特别会干活，淘米做饭、洗衣收拾，样样都行。现在她已经会炒好几个菜了。我们俩的生活简单，也没什么复杂的菜，所以她完全可以照料我俩的生活。俗话说，"女儿是妈妈的小棉袄"。我女儿还真是。

‖ 解读与点评 ‖

坏婚姻对孩子有毒

正梅爸爸和正梅妈妈的婚姻是有问题的。首先，正梅爸爸的家人卷入过多。公公婆婆插手儿子与儿媳妇的生活，连小姑子也插手其中，排斥嫂子，搬弄是非，导致哥哥与嫂子纷争不断。其次，正梅爸爸本人没有立场。他过于受父母、妹妹牵制，完全听信自家人的意见和感受，被自家人控制，反而与自己的妻子离心离德，夫妻之间嫌隙过大，难以维系小家庭的和谐与安宁。最后，正梅爸爸本人不善于处理矛盾。完全信任自家人，对正梅妈妈缺乏信任，不够关心甚至打骂正梅妈妈，正梅爸爸的这些行为摧毁了正梅妈妈在家庭中的地位与尊严。

所有这些都是导致夫妻离婚的原因。如果说离婚仅仅是看得见的伤害，那么还有看不见的伤害——对孩子的伤害。婆媳不和、姑嫂紧张、夫妻纷争都转化成争执、吵闹、动手或对抗，将孩子置于其中，受惊吓、目睹暴力等都会对孩子的心理与精神构成打击与伤害。所以说，坏婚姻是有毒的，最终受毒害的往往是孩子。

危机是危险与机遇的合体

正梅的爸爸妈妈不是称职的父母，带给正梅许多伤害和风险，令她幼小的心灵备受威胁和惊吓，对于一个正处于成长中的儿童来说，这些是不幸、危机与风险。毋庸置疑，正梅多年生活在危机之中。

危机中有危险，但换个角度看，危机中也有契机和机会。家庭的不幸、父母的反目、生活的拮据，都让正梅有更多的机会面对困难，经历困难。困难使得她必须努力调动自己，从生命深处积蓄力量，从自我之中激活资源，这样她才能面对困境，不会垮掉。危机与困境也强迫正梅必须发展自我，学会照顾自己，学会料理生活，学会照顾妈妈，学会操持家务，这些经历使得她具备了较强的生活能力，较好的生活本事。危机与困难还迫使正梅主动寻求帮助，当她和妈妈无力应对、无计可施的时候，她们要学会求助朋友，寻找政府，依靠社会，在万难之中寻找希望，在不幸之中看到万幸，在危机之中发现契机，这些都是离婚家庭保持生机与活力可以具有的思路与态度。

孩子完全可以成为父母的支持系统

很久以来，人们似是而非地认为，孩子，特别是小孩子，只能依赖父母的照顾与呵护。成年以后，发展好的话，孩子有可能成为父母的依靠。养儿防老的想法能否真正实现，要看父母的造化。此话听起来，有点儿消极。之所以会出现这样的局面，是因为国人在相当长的历史阶段内，基本是在"生存价值观"的层面上定位生儿育女问题。娶妻生子，为的是家族延续烟火、传宗接代。生儿育女，为的是人丁兴旺，养儿防老。

进入21世纪以来，随着我国经济的不断发展，人民生活水平稳步提高，绝大多数国人已经较好地解决了生存问题，正在全面进入关心与关注发展问题的历史阶段。娶妻生子、养儿育女，逐渐摆脱"生存价值观"动机，转向"发展价值观"动机。也就是说，恋爱、结婚、生育等家庭主题的目的，越来越朝向有利于家人健康、快乐、幸福的生活发展。

当人们用发展视角看待家人、看待自己、看待家人关系的时候，就会发现，孩子，即使是刚刚出生的婴儿，也能给家人带来巨大的满足与幸福。尽管他们还在嗷嗷待哺，尽管他们完全依附照顾，但他们的笑脸、安详的睡姿、日新月异的样子，就可以给家庭带来生机与希望，带来黏合与凝聚，带来责任与力量。这表明，每一个家庭成员，无论年少还是年老，无论优秀还是平凡，他的存在就是其他家人的盼望，可以在精神上彼此支持，相互依靠。

正梅作为妈妈的精神寄托，意义非同一般。她的存在会对妈妈形成激励，构成动力。为了她，妈妈一定会坚强生活，努力工作。

3 孩子是重要当事人

在多数人的观念里，离婚会令当事人婚姻不幸，令家人焦虑不安，令孩子受伤害。不过任何事情都有两面，离婚作为一个"点"，婚姻是一条线，生活是一幅画卷。离了婚的日子也要过，离了婚的生活还会继续。如何把离婚之后的日子导向积极与健康，如何从不幸中走出的生活不再落入不幸，离婚双方有必要，也有可能进行重新设计，加以经营，为的是接下来的生活是快乐的、甜美的。

| **家庭故事** |

离婚，搬家，生活重新开始

可心 2 岁时，父母因感情不和离婚了。房子归母亲和可心，父亲远走他乡，母女俩开始了新的生活。她家住在父母单位的家属院，从父母结婚到离婚，邻里街坊都看在眼里，大家会不时地多给可心些照顾，但也会茶余饭后议论起可心父母的婚姻。可心妈妈心中很担忧：女儿才刚刚 2 岁，她其实对父母离婚还没有一个完整的认识，为什么就要背负起众人同情、怜悯的目光呢？可是又不好直接和邻居们挑明，而且即便这样做想必也不会有什么效果。所以，为了让可心不受到过多的影响，可心妈妈思来想去做了一个艰难的决定：搬家，离开这个充满记忆的单位大院，带女儿到一个新环境中重新开始。

可心妈妈卖掉房子，将新家选在了离可心姥姥家不远的地方。姥姥、姥爷会时常过来照顾外孙女，带她去公园，按不同的月份去看各种应季开的花；带她去图书馆和书店，去看各种有意思的绘本与故事书。姥姥、姥爷和家里的其他亲戚好像也都达成了默契，对可心父母离婚的事闭口不谈，也没有给可心过多的、额外的照顾，这让可心和可心妈妈倒也落了个自在。

三人每周见面，但都不愿意复婚

对可心而言，这个崭新的一居室才是她留下最多记忆的地方，才是她的家。父母离婚时，可心刚刚 2 岁，基本上没什么记忆，她不知道父母同在的日子是个什么样。或许正是这种记忆的遗漏，让可心并没有感到父母离婚带来的落寞。可心刚上初中时，远在他乡闯荡的可心爸爸回来了，重新与她们母女建立了联系。或许是只身一人的漂泊勾起了他的孤独感，或许是岁月无情的蹉跎点燃了他的温情，总之可心爸爸重新回到了可心身边，回到了她的成长中。从那时起，几乎每个周末，可心爸爸都会从南城越到北城，去看望可心，带她去买衣服，去游乐园，吃她想吃的，有时还会带上可心妈妈。对可心而言，自己周一到周五要专注学习，周六完成作业，还要上课外班，周日正好和爸爸聚聚，放松一下，日子实在是美滋滋。这样节奏的生活已经成为她长期生活的常态，她享受其中，也乐在其中。

可心曾经单独问过爸妈，问他们愿不愿意复婚。没想到父母不约而同地都反问了她。妈妈问她："你喜欢现在的生活吗？"她说："喜欢。"妈妈又问："既然喜欢当下的生活，那我们为什么要打破它呢？"而爸爸问她："你觉得复婚意味着什么？"她说："意味着父母感情好，家庭和睦吧。"爸爸又问："你觉得我们仨之间现在的感情好吗？和睦吗？"她说："挺好的，挺和睦的。"爸爸说："那为什么还要复婚呢？"人与人之间重在有感情，而不是那一张纸。

| 孩子心语 |

可心说："搬家的决定是英明的。"

当时搬家，其实是我妈想让我换个环境。我们平时住的那个小区有熟人，大家都是一个单位的，我妈不想让我感到自己与众不同，因为那片儿小孩儿多，她不想让人说我是单亲，怕别的小孩儿欺负我。而且我妈挺要强的，邻居阿姨有时候会觉得我们可怜，我妈觉得不舒服。我们家没什么特别的，所以就想换个环境。一个陌生的环境，就是重新开始。因为当时我太小了，所以觉得还挺适应的，而且那儿，就是我们现在住的地方，离我姥姥家特别近，所以就很喜欢。

可心说："我和姥姥、姥爷、爷爷、奶奶都挺好的。"

尽管我爸妈离婚了，但我和姥姥、姥爷、爷爷、奶奶都挺好的。我经常去我姥姥家，现在他们的腿脚不大好了，所以我就跑得更勤些了。因为当时我小的时候，我妈工作忙顾不上我，都是他们带着我到处去玩儿的，在公园看花儿啊、数汽车啊，在书店、图书馆看书啊……他们还经常给我和我妈带他们做的猪蹄儿、排骨什么的。我爷爷、奶奶也特喜欢我，尽管我爸那时不在北京，但他们还是会过来看我，他们跟我爸妈说，无论你们离不离婚，我都是他们的孙女。

可心说："我没有权利干涉父母的生活选择。"

说心里话，起初我真想促成他们复婚的。我感觉他俩每周见面，两人一起带我玩、带我吃饭、带我参观，挺和谐的，他们从来不吵架，一起过不挺好！没想到，他们俩都不同意，这大大出乎我的意料。我有时还想，是我落后了吧，他们的思想还挺前卫的。想想也是，父母都才40来岁，一点儿都不老，思想观念也许真的前卫呢！你想啊，我妈那么能干，见过大世面的，思想一点儿都不保守。我爸就更别提了，闯荡过半个中国了。走南闯北，什么人没见过啊！更不可能保守了。后来我想明白了，夫妻两个人过日子，真不仅仅是柴米油盐这点事。凭我的感觉，我爸妈都是有想法的人，也都比较有思想，他们有各自的想法，对配偶、对爱人的定位，可能比我想的复杂吧。他们各自跟谁过、怎么过，都由不得我。但我觉得他们已经做得很好了，作为我爸妈，他们都在履行父母的责任。这就够了，我没有权利干涉他们的生活。

| 父母独白 |

妈妈说:"我们俩不在一起生活,可不能耽误孩子啊!"

我跟可心爸爸离婚,有很多原因,可能是因为年少轻狂,可能是因为太过要强,还可能是因为梦想。总之,我俩离婚是我们自己的事,我的底线是绝不能因为离婚而伤及孩子。两个大人,没能力、没本事把自己的婚姻经营好,最后走到离婚的地步,凭什么让孩子跟着遭殃啊!我看过很多这样的家庭悲剧,心痛死了。所以,从决定离婚那一刻起,我就下定了决心,我敢离,就绝对有信心保护好孩子。其实这也没有多难,首先,要调整好自己,让自己尽快从离婚的阴影中走出来。还好,我心大,加之有自己的一番事业,我离开谁都能活。其次,没必要与前夫为敌,何必呢?有多大仇啊!我们俩的情况可能比较特殊,不是因为讨厌对方、恨对方才离的婚。我俩都属于事业型,不想被束缚,不想在固有的模式里挣扎,所以选择各自放手,给彼此空间。现在看来,谁都没有错。所以,我们现在的关系很好,彼此还是朋友,为了女儿多妥协、少矫情,多合作、少纷争。而这一切真的能做到,至少我们做到了。

爸爸说："两个人不能做夫妻，但还可以做朋友。"

是我主动回来的，也是我回来后主动联系前妻、女儿的。我是真的想她们了，特别是我女儿，快10年没见了。我有过顾虑，怕我前妻拒绝我，拒绝我见女儿。也怕孩子不认我，毕竟10年了。所以我决定见她们之前做了很多功课。首先，我先联系我前妻，真诚地告诉她我想女儿了。我是孩子的父亲，我有义务关心她、爱她。起初前妻感到很意外，有些不情愿，怕我打搅她们娘儿俩的生活。经过我反复努力，不断请求，请她提建议，请她帮助我。从这来看，我前妻不错，毕竟是读过书的人，她知道什么最重要。后来，通过她做我女儿的工作。我不知道女儿对我有何种感受，对我怀有怎样的心态，是不是怨恨我。这些都得通过我前妻帮我打通。我很感谢她，因为她在我与女儿融合的问题上做了很多工作。当然了，我们俩的认识与态度都是积极的。说实话，我们彼此之间没有太多的怨恨。虽然曾经分开了，但并没有反目成仇，我们也没想反目成仇，也没有必要反目成仇。这个世界上芸芸众生，曾经夫妻过，已经是缘分了。过不下去，可以分开，可以不做夫妻，但可以做朋友啊！你跟陌生人都做朋友，跟竞争对手做朋友，怎么不能跟你前妻做朋友呢？更何况还有女儿在中间，就算是为了孩子，我们也要做朋友。

爸爸妈妈说："孩子是我们俩的，必须要对她负责。"

这个孩子是我们俩带到人间的，没有我们就没有她，我们是她的"制造者"。站在孩子的角度，父母生了她，因为各种各样的原因，没有给她一份好的生活，可以理解。但千万不要让孩子承受本不属于她的痛苦，特别是孩子小的时候，父母就是她的全部依靠，没有父母，她会活得很惨的。我们为什么要让一个孩子，一个幼小的生命活得很惨呢。这是犯罪。我们不能犯罪，必须要对孩子负责。

我是父亲，我必须尽责。之前，我远走他乡，好几年都没在孩子身边，我对她亏欠很多，我必须加倍补上。所以，我现在特别努力，每个星期来看女儿，尽可能给她好的生活，我要让她感受到她有一个好父亲。

我是母亲，从来没有放弃过责任，一直在努力做一个好母亲。孩子越来越大，她需要父亲，我不能阻碍他们在一起，反而要创造条件帮助他们在一起。有人说我傻，这么多年一个人带着孩子，现在孩子大了，她爸爸回来了，回来享受"劳动果实"了。我不是这么想的，不存在"劳动果实"的问题。孩子成长，既需要妈妈，也需要爸爸，这是孩子成长的需要。如果阻止前夫看孩子，自己是解气了，对孩子可是不好了。

‖ 解读与点评 ‖

离婚父母，为了孩子也要好好爱自己

离婚父母，最关心孩子的未来。他们往往花费比一般父母更多的心力去关注孩子，希望孩子不要因为家庭结构的改变而受到影响。我们的观点是，离婚父母一定先照顾好自己的情绪，好好爱自己，切忌带着"委屈"的情绪去养育孩子。

如果离婚父母不能处理好自己的情绪，在养育过程中，一定会以潜意识的方式发泄出来。毕竟一个人养育孩子，为孩子付出的会更多。如果始终以这种"我很委屈"的情绪作为生活背景，那当事人心中的潜台词就是"我现在委屈地付出，你今后必须加倍地回报"，这在无形之中会给孩子带来巨大的心理压力。

从建设性的角度出发，离婚父母如果想让孩子尽量少受影响，成长得更顺利的话，那么先要调整好自己的情绪，好好爱自己。让孩子在你创设的平和、宽松、和谐的环境中，拥有一份轻松的爱。

和谐的关系是降低离婚伤害的关键

孩子受伤并非从父母离婚那一刻开始，离婚之前糟糕的家庭关系对孩子伤害更大。为此，我们需要关注婚姻破灭的整个过程，而不仅仅是"离婚"这个节点，不要以为只有"离婚"这一瞬间才伤害到孩子。如果双方的关系确实无法修复，就应该理智处理，做出保护孩子的理性选择，不要在双方的相互伤害中再伤害孩子。我们确实也经常看到很多离婚家庭，婚姻结束了，但关系却没有恶化。父母承担各自的责任，为对方提供条件爱孩子，这样的离婚，对孩子而言，伤害会降到最小。

所以，离婚的关键是如何最大化地保护孩子的利益。比如，谁做孩子的监护人，周末跟谁过，要不要轮流出席家长会，寒暑假谁管，等等。谨遵一个重要原则，就是最大限度地保护孩子的利益，要求双方就这点达成高度共识。离婚父母通过心理疏导，化解心理误会，缓解心理应激，妥善处理彼此关系，进而给孩子创建一种健康的亲子关系。

离婚可以成为家人成长的新起点

离婚父母的自我觉察和自我成长尤为重要。因为每一段失败的婚姻，都不是一个人的错。如果当事人不能很好地整理过去，审视自我，依然会把婚姻失败中的某些不利因素带入亲子互动或人际关系中，给下一次的婚姻失败埋下陷阱。但是，如果当事人能够主动反思，勇于觉察，发现上一次婚姻的问题所在，积极改善，主动改变，就有机会让离婚变成一个人再次成长的起点，变得更加成熟、理性，也更具弹性。这样的离婚父母，有能力找到更好的自己，有能力以新的自我开始新的情感历程，也会拥有新的爱情、新的生活。

我们从对110个离婚家庭的孩子的访谈中发现，孩子们在逆境中发展得不错，学习成绩挺好，人际关系也不错，还能胜任一些班级工作。由此表明，离婚家庭的孩子和普通家庭的孩子没有不同，并非人们偏见中认为的他们会出现各种各样的问题，我们将这样的成长称为抗逆力状态。父母离婚本身，对孩子确实是一种逆境，身处逆境，反而激发出了孩子们抗击逆境、抵御危机的能力。他们更善于将自己周边的资源整合起来，更具备成长的力量。

第二章

单亲妈妈伴我长大

1 妈妈，我有能力陪伴你

夫妻离婚，首选孩子判给母亲，考虑的是母亲对孩子更重要，尤其是低龄孩子。因此，单亲母亲家庭会相对多一些。单亲母亲，既要工作，又要养育孩子；既要管家，还要发展自己；既要支撑经济，还要培育孩子，压力往往比较大。因此，如何发挥孩子对单亲母亲的支持与陪伴，使孩子成为母亲战胜困难，打拼生活的坚强支柱和关键力量就变得非常重要，在现实生活中，不少孩子做到了。

| 家庭故事 |

强势的母亲

　　芸熙妈妈长得又黑又矮，小眼睛、塌鼻梁、厚嘴唇、粗脖子，感觉自己一点儿都不漂亮，因此她很自卑，28岁时仍然没对象。后来居委会的大婶儿给她介绍了一位退伍军人。这位军人老家在农村，家里哥哥、姐姐一大堆，他是最有出息的一个。尽管芸熙妈妈不想找外地人，但这个男人长得着实不错，仪表堂堂，再加上自己已经28岁了，男方乐意，自己便也同意结婚了。

　　婚后，芸熙妈妈努力工作，她业绩好受到领导赏识，很快被提到中层管理岗位。由于工作繁忙，无暇顾及家务，做饭、洗衣服、打扫卫生都是芸熙爸爸的活儿。她回到家后，不自觉地将工作岗位的领导派头带回来，批评芸熙爸爸饭菜做咸了，屋子没扫干净，心情不好时还会奚落他没本事、挣钱少……即使有了芸熙，也没能让她把生活重心转移到家中。芸熙妈妈是个特别要强的女人，理性、对自己要求严格，同时也会用自己的要求去要求丈夫和女儿，日子久了，芸熙爸爸实在忍受不住了：他是男人，希望在家人面前有尊严。他想在家里放松一点儿，觉得脏一点儿、乱一点儿没关系，可是这一切芸熙妈妈都满足不了他。

结婚7年前后,芸熙爸爸有了外遇,然后由开始的遮遮掩掩发展到后来的大大方方。芸熙妈妈很受伤,于是提出了离婚。

女儿要"哄着"妈妈

芸熙就是在这种环境下长大的。父母离婚后,她一个人在家时会洗衣服、打扫卫生等做各种家务。她学着做饭、交水电费,尽量帮妈妈分担。妈妈情绪经常不好,因为鸡毛蒜皮的小事就冲她吼,她就忍着,让妈妈发泄出来。她会在妈妈失落时陪她看综艺节目,拉她出去遛弯儿,变着法儿地逗妈妈开心。芸熙刚刚参加工作,尽管自己每天也十分忙碌、劳累,但她回到家仍然像原来一样,尽可能地给妈妈创造一个舒服的环境。

前些年,芸熙家面临拆迁,由于一张重要的证明表格找不到,少得了几十万。妈妈受不了,总觉得是别人联手害她们,情绪很不稳定。芸熙很是着急,专门咨询心理医生,想用科学的方法帮助母亲消除这件事引发的消极影响。妈妈爱看情感类节目,经常会将案例中的情况往自己身上安,觉得电视里演的就是自己家的事,越是这样想就越觉得自己倒霉、委屈。所以每当妈妈看这类节目时,芸熙就在一旁陪着,给妈妈做各种解释,尽可能不让妈妈往坏处想。有了芸熙的陪伴,经过漫长的岁月,芸熙妈妈渐渐看开了，脸上的笑容也变多了。

| 孩子心语 |

芸熙说："我被我妈练就出了好性格。"

原来我妈经常会跟我吵，在家里什么事儿都可能让她生气，我觉得当时一方面是因为离婚这个坎儿她没过去，另一方面是因为更年期提前。但我不能和她吵啊，她说我时，我就忍着。开始的时候挺不舒服的，但后来我习惯了，就是左耳朵进右耳朵出，因为我知道她没恶意啊，所以我心就大了，她说就说了，我既不解释也不反抗，她说痛快了，事情也就过去了，就是要顺着她嘛。她工作忙那会儿，我做各种家务，要不然她回来看到家里乱就一定会发脾气，所以我从上初中开始，什么家务活都会做。刚开始不会炒菜，我就吃白米饭泡香油、酱油、醋。工作后我想交男朋友，她不同意，刚开始我觉得她挺无理取闹的，后来想明白了，可能是她离婚的事儿还没过去吧，然后我就得琢磨怎么和她沟通。反正我是被我妈逼着学会了好多技能，而且自己也变得更有耐性了。

芸熙说："如果我是我妈，我也会委屈。"

我觉得离婚一事，他们俩都有原因，一个巴掌拍不响，但是我妈从来就不会自省。我跟她讲理，说她身上有问题，她根本不接受，就觉得我是在和她作对，原来觉得她挺不可理喻的，但后来我也在想，如果我要是我妈，我肯定也会觉得自己活得挺委屈、挺憋屈、挺失败的。自己的原生家庭关系不好，小时候被各种欺负、无视，长大后大家又不怎么走动，有困难了娘家连个帮忙的人都没有。现在夫妻关系又很不好，离婚了。工作上肯定也会有不如意，多失败啊。所以，我能理解她，把这些事看清了，我就不觉得自己难受了，也就知道比如遇到一件事儿她会怎么想，然后我要想办法和她沟通。

芸熙说："我爸很懂我妈的。"

现在，我爸有时候还会给我妈打个电话，或者在给我打电话的时候就提到我妈。每次我妈就会对我爸说："你就把你那家照顾好，别老惦记我们这边，你把你那小媳妇儿照顾好就行了。"就这样，两个人没事人似的逗逗乐子。有时候我妈遇事儿想不通了，我不知道自己怎么劝更好，就告诉我爸，我爸就会帮我分析我妈的想法。有时候我妈自己都会跟我爸说一些事儿，比如那次拆迁的事儿，我妈也会跟我爸说，然后她会觉得我爸比我还懂她，能理解她。

| 父母独白 |

妈妈说："我知道我性格里有很多不好的地方。"

我已经人到中年了，也经历了不少事，家庭、工作、社会各个方面的。我知道，我性格里有不少问题，容易伤人，容易令人不爽。以前我都认为是别人的问题，总感觉自己不幸福、倒霉，生在那样一个糟糕的家庭，赶上那样一个忘恩负义的丈夫。这几年，我也一直在反思，也看了一些书，想清楚了一些。原生家庭我无法选择，生身父母我无法选择，所以，无论他们什么样，抱怨、委屈，都没用，只能让自己情绪更烦。

我女儿对我帮助不小，她老开导我，鼓励我看书，支持我做心理咨询，这些对我是有帮助的。说到底，化解心结还得靠自己，别人说再多，但你自己想不开，不给自己松绑，都没用，关键是自己放过自己。何苦呢，父母又不是成心的，家人也不是故意的，就是赶上了，让我赶上了，我就认了吧。已经50多岁了，我要好好活着，遇事多往好处想，不给女儿添麻烦。

妈妈说："一开始恨他，现在不恨他了。"

当然恨他了，特别是刚离婚那会儿，特别恨他，我觉得他忘恩负义。后来想想确实也有我的原因，我太强势，什么都得听我的，得理不饶人，一点儿小事就没完没了，让他很为难。不过，那时候我并不知道自己做错了，我也根本不觉得是我错了，在我眼里，都是他的错。做饭不好吃，屋子收拾得不干净，不知道心疼人，等等。反正对他一千个不满意。回过头来看，他一个大男人，洗衣服、做饭、接送孩子，已经不容易了。那时候，家里的事我什么都不管，只知道忙工作，就跟上了发条似的。但我那样做也没错，因为我也是为这个家啊！错就错在我只看到自己，完全否定了他的贡献，对他是挺不尊重的。

爸爸说："多亏了我闺女的包容和理解。"

我闺女很不错，她比我们俩都强。她遇见事，不吵、不闹、不打架，而是想办法。觉着想不通的事情就拐个弯，今天不行就明天再说。她用策略把她妈"管理"得服服帖帖的，我不行。我也不吵，也不闹，但我不理她妈妈，我闷着。以前，我认为我的办法已经不错了，"大丈夫不与女人为伍"。这样做虽然挺像个男人，但比较消极、回避、躲闪，实际上没解决问题，以至于我们俩后来根本没法过了。孩子比我强的地方就是，遇事她不针锋相对，注重的是如何解决问题，如何化解问题。

这孩子心大，比较宽容，也善解人意，所以遇见事啊，她从来不钻牛角尖，会迂回，避实就虚，现在跟她妈过得还不错。

|| 解读与点评 ||

女儿身上的很多技能是被她妈逼出来的

芸熙母亲的性格中确实存在不少消极因素，过于坚硬，不善迂回；过于强硬，缺少柔和；过于强势，不懂退让。这样的脾气、秉性与她的早年经历有关，抵御忽视，应对冷漠，遭遇不公，出于生存的本能，她只能让自己变得坚强与不屈。在一定程度上，这种性格是积极的、有价值的，因为显示出一种不畏艰险、不惧困难的勇气与力量。但是，如果坚强、不屈过了度，就会变成攻击、控制或伤害，会令身边的人无地自容、无处藏身。

遇上这样的父母，传统观念认为一定会对孩子造成严重伤害、重度打击。但从芸熙的身上我们可以看到，她具有的隐忍、迂回、克制等积极个性，都与她应对母亲、适应母亲的经历不无关系。正像她自己所说："我身上的技能都是被我妈逼出来的。"是的，同一个屋檐下的家人，也要想办法彼此适应，良性互动，才能建设性发展，减少伤害。为了营造良性、健康的家庭环境，总有家人需要用理智、用头脑、用策略建构家人关系，适应家人互动。其实，家庭中的每一方都带有被逼迫、被控制的可能，因为家庭关系比起其他社会关系而言，确实具有更多的情感因素、非理性因素。越是在这样的情况下，越是需要有理智、明事理的那一方巧妙应对、灵活变通、迂回反应，这才是聪明的、富有智慧的家庭模式。

新思维看待原生家庭

芸熙妈妈的性格特征与她在原生家庭中的生活经历、成长印记有着极其密切的关系。确实如此，一个人的早年生活经历就像物品上的第一印记、雕像上的最初刻痕、新娘妆的底色，具有基础和背景效用，对一个人的影响相对深远。因此，半个多世纪以来，心理学、心理治疗学及其相关学科一直沿用原生家庭的假设与逻辑，试图解释和说明成人心理中那些挥之不去的阴影与迷思。引导人们消除早年影响、褪去童年底色、告别原生家庭，是走出心理困惑、赢得幸福人生的重要选择。

诚然，原生家庭的假设不无道理，可以成为心理救助与心理康复的路径之一，但绝不是唯一路径。毋庸置疑的是，原生家庭作为当下人生的过去时，作为人生阶段的早年史，是客观发生的、不可更改的。一个人要想走出原有的迷途，超越人生被书写、被规定的那部分，关键是要重新解读、重新定义曾经的历史。不是要推翻历史，也不是要否认历史，而是要更换新思维、转化视角去看待自己的原生家庭。有了这样的意识与心态，当事人会发现，任何一个不堪回首的早年人生，带给你的都不仅仅是伤害与损失，更有收获与资源。

孩子是离婚夫妻的桥梁

有孩子的家庭，离婚从来都不是夫妻两个人之间的事，无论双方是否意识到，也无论双方理智面对还是感情用事，孩子作为离婚重要当事人都是不容忽视、不可无视的影响因素。

以积极视角看待问题，因为有孩子的存在，因为有孩子的参与，恰恰给夫妻双方留下了可能回心转意、可能破镜重圆、可能泯去恩仇、可能理性相待、可能相敬如宾的条件与基础。芸熙一天天长大，头脑清醒，性格乖巧，善解人意，与人为善。她能换位思考，理解母亲，也能实事求是，尊重父亲。更重要的是积极地在已经离婚的父母之间传递健康的信息，帮助双方化解曾经的误会与伤感，以自己的言行带领父母往前看，往积极的方面看。让他们不再彼此猜忌，不再相互芥蒂，化干戈为玉帛，化争吵为理解。这样曾经血脉相连的三个人虽然不能彼此相守，但也不再相互伤害。这是离婚家庭最小的代价，也是离婚家庭一种积极的生存状态。

2 妈妈的成长给我力量

不少母亲离婚后一人抚养孩子，经济负担、生活重担一起袭来，会令母亲感觉压力巨大，无暇喘息。如果此时能够得到娘家的资助或帮助，对单亲母亲来说，是个关键支撑。但也会因为各种原因，得不到娘家人的理解，甚至被误解。这种情况下，母亲必须学会自强自立，靠自己的努力付出，争取最好的结果。与此同时，寻求社会、朋友的支持，比如安排工作、介绍工作等。特别需要谨记的一点是：不能忽视孩子的力量，即使他幼小，少不更事，气力单薄，只要你相信他，给他机会，让他承担，孩子就能成为母亲的精神力量和心理支点。孩子真的不是拖累，是资源。

| 家庭故事 |

离婚后，母女俩没有任何依靠

金帆艺术团展演，剧场里座无虚席，聚光灯下的鼓手小雅，白白瘦瘦的，随着节拍，挥洒着16岁独有的青春活力。

小雅4岁时父母离婚了，之后母亲带着她搬到了离外公外婆家近的地方租房住，想着万一小雅没人管时，父母还能帮上一把。没想到父母思想守旧，嫌弃女儿离婚让自己丢了面子。任凭小雅妈妈忙得天昏地暗，老两口不但一点儿忙也不帮，甚至还有意躲得远远的，唯恐有人问起他们之间的关系。

没办法，小雅妈妈忍痛辞去幼师的工作，一个人照顾女儿。凭着积蓄和自己勤俭持家的本事，母女俩在没有任何帮助与收入的情况下勉强过了两年。离婚之初，小雅妈妈不知道独自哭了多少次，她委屈，为什么自己的老公投入了别人的怀抱？为什么自己的父母把面子看得比亲情还重？她抱怨，甚至怨恨社会对职业女性的不公，让自己事业和家庭不能兼顾。但慢慢地，小雅妈妈想明白了：与其把精力花在过去的伤痛中，不如花在对未来问题的解决上，她开始独立经营与女儿的生活。尽管日子清苦，但在小雅的记忆中，却充满甜蜜。她记得妈妈教她唱歌跳舞、识数写字；记得和妈妈等待日出、静观日落；记得和妈妈在春天去踏青，在秋天去捡落叶。没有什么不满足，没有什么谁欠谁的，从妈妈那里，小雅学会了人不能抱怨，学会了将平淡的生活过得诗情画意。

女儿陪妈妈走过两段婚姻

小雅妈妈总共离过两次婚，第一次是和小雅爸爸，第二次是和小雅的继父。小雅爸爸原本在银行工作，体面而且挣钱多，后来工作上出了问题，只能辞职。这件事情对小雅爸爸打击很大，他开始从酒精中寻找安慰。他天天喝酒，回家后找个理由就和小雅妈妈吵架、打架。在小雅有限的记忆中，爸爸是粗暴的，他会踢翻地上的小椅子，会将玻璃杯摔得粉碎，会揪妈妈的头发，把妈妈摁在床上打，小雅真是害怕极了。

小雅7岁时小雅妈妈带着她再婚，继父对小雅妈妈的束缚是导致离婚的主要原因。原本小雅妈妈有自己的朋友圈子，可继父总是疑神疑鬼，觉得小雅妈妈和朋友来往有问题。每当小雅妈妈和朋友聚会后，继父都会捕风捉影找理由和她吵架。继父完全限制了小雅妈妈的交往圈子，将她"囚禁"在家里，精神上的枷锁让她忍无可忍。

从第一次离婚后的痛苦挣扎,到再婚时的欣喜豁然,到第二次离婚后的沮丧失意,再到回归生活的平淡怡然,小雅陪妈妈共同走过。她看着妈妈在感情路上经历一次次风雨,迎来一次次晴朗。她始终记得妈妈的话:人不怕挫折,怕的是遇到挫折后爬不起来。

| 孩子心语 |

小雅说:"在那个爷爷奶奶家,我们是外人。"

我哥跟我没有很不和,但是那个叔叔老偏向着哥哥,我妈可能就觉得他对我不是特别好,我妈觉得我会受委屈。但他们又打不起来,也没法儿撕破脸,我妈就忍着。我妈对我们俩挺公平的,得照顾我哥的情绪啊。但他们不会照顾我们的情绪,特别是那边的爷爷奶奶。举个例子,比如,在家里吃饭,我不能跟他们用一样的餐具,筷子、碗都得分出来,自己是自己的。他们的都可以互相共用,就我和我妈的餐具不行。而且家里有什么好吃的,都会等哥哥回家后才会拿出来,吃饭时也是,要是他回家晚了,爷爷奶奶就会把饭菜给他提前拨出来,剩下的我们再吃。我和我妈要是回家晚了,就只能吃剩的。

小雅说："我妈……挺难的。"

当时爷爷奶奶的意思就是那个叔叔跟谁结婚都行，但唯一的条件就是对方不带孩子。其实爷爷奶奶对我妈也是挺满意的，就是因为有我。我一开始也觉得我挺妨碍的。有一年，我在我小姨那儿住了一年，几乎有一年的时间没跟他们在一起。就是周六周日，或者我妈平时下班的时候会来看我一下。我觉得这样就不会妨碍到他们对我妈的态度了，他们就能对我妈好些了，但后来发现也不是这样。就算我们不在一起，但我的确存在啊，他们总会担心我妈偏向我。我妈真挺不容易的，她被夹在中间，总得想着怎么平衡我和那边的关系，所以，就算平时我哥或者那个叔叔让我不痛快了，我也没法儿跟我妈说，毕竟她已经很痛苦了。

| 父母独白 |

妈妈说："我感觉我是个无能的母亲。"

很多时候，我真的觉得自己特别失败。第一个丈夫是我爸托人帮我介绍的，一开始我不是特别满意，总感觉哪里不对劲儿。可是，拗不过父母的催婚，也担心自己年龄大了，今后不好找了。应该说，当时结婚有点儿凑合过的成分。但事实证明，婚姻一点儿都不能凑合。

女儿4岁不到我就离婚了，多对不起孩子啊！没房子、没钱，带着那么小的她，娘家都回不成。我父母也很过分，嫌我离婚让他们丢面子，让他们在亲戚面前抬不起头来，说什么都不让我回家住。没办法，我只能带着女儿在外面租房。我又没什么钱，根本租不起大房子，住的地方，那真叫"蜗居"。冬天冷，夏天热，孩子跟我非常受罪。每当想起这些，我就想哭。不是为我自己，是为孩子。想想她那么小，就没有了爸爸的陪伴，还跟着我受苦、受罪。不过现在想想，那个不争气的爸爸，我们还是趁早离开他。要是当初没离婚，我们娘儿俩的生活还不知道什么样呢。

我是个无能的母亲，结过两次婚，都没有过到头。我时不时跟我女儿说这个意思，可能是一种表达愧疚的方式吧。我女儿不同意，她经常批评我："你怎么无能了，你很勇敢啊！两次离婚，并不是你的错，都是他们的错。我爸，是他不对，要是我的话，肯定也会跟他离婚。自己心情不好就应该在外面花天酒地啊？他纯粹是为自己找理由。那个叔叔，你忍得够可以的了，我都跟你一块儿忍了。他们家人太奇葩了，都跟人家结婚了，怎么能那样对待人家啊！我倒没指望他们家人待我如何，想都没想过，但他们对你至少要公平吧。他们家真有点儿欺负人，欺负咱俩孤儿寡母。"

妈妈说：“我又感觉我是个伟大的母亲。”

跟女儿聊多了，我的思想有了转变，换了个视角看问题使我释然了不少。虽然我两次离婚，但确实不是我的错。第一个丈夫移情别恋，第二个丈夫小肚鸡肠，算我倒霉吧，没有碰上好男人。可我从来没有放弃生活，特别是没有放弃对女儿的教育和培养。女儿已经上高二了，学习不错，也没有任何坏毛病，明年高考正常发挥的话，他们老师说能够上个不错的大学，我挺知足的。这么多年，为了孩子，我真的是做到了吃苦耐劳，呕心沥血。一个女人，没有任何人帮助，完全靠自己挣钱、租房，还让女儿学了特长，她连续多次获得北京市中小学生艺术展演一等奖，我真为我女儿感到骄傲！

很多人问我如何把女儿养得这么优秀，我其实真没什么经验。我有什么啊？什么都没有，没钱、没权，我本人只是幼师毕业，也没有太高的文化水平。但我始终坚持一条，让我女儿受最好的教育，只要对孩子学业有利，我做什么都行。这么多年，我起早贪黑，一个人打两份工，既当爹又当妈，我无怨无悔，目的只有一个：全身心地陪着女儿长大。从这一点来说，我做得不错。

妈妈说：""谁都靠不上的时候，我依靠女儿。""

孩子小的时候，我能感觉到的就是一天从早忙到晚，为孩子吃、为孩子穿、为孩子上学，一个人忙得像陀螺一样。一天天的，女儿长大了，我真是越来越离不开她了。女儿比我有文化，读书比我多，知识面比我广。现在有很多事，我都与她商量。我也看出来了，女儿是跟着我吃苦长大的，吃过苦的孩子懂得珍惜。这两三年，我们俩的生活一天天好起来，女儿很知足，也很珍惜现在的生活。她很少乱花钱，从来不跟我提要求，特别会过日子。家里的很多日常用品都是她网购的，有时还团购，能省不少钱呢。用手机也是，她能找到各种优惠，如包月、赠送，她说："这叫科技就是生产力。"

我俩之前一直没有房子，现在已经申请到经济适用房的指标了。有关经济适用房的政策也是女儿先了解到的。我俩就去居委会打听，上网查信息，打电话咨询，都是女儿一手主持操办的。以前是我为女儿操心，现在反过来了，都是女儿为我操心。她成天提醒我，不能只知道干活，还得注意保养，爱惜身体。她说："妈妈，您得把身体弄好了，以后跟着我享福。以前受了那么多的苦，不都是为我吗？现在该轮到我为您付出了。"

|| 解读与点评 ||

离婚不等于失败，更不等于无能

中国人在传统思维里比较信守"嫁鸡随鸡，嫁狗随狗"的观念，对女人附加了几千年的精神枷锁，但这是基于落后、缓慢的社会发展阶段，生产方式单一，劳动手段原始，基本依靠体力进行生产与生活。与男性比起来，女性在体力、力量方面确实先天弱势，无法靠体能赢得优势。然而，随着科学技术的突飞猛进，产业结构的更新换代，生产方式的信息化、技术化，提升社会发展程度的指标与手段不再是体力和力量了，取而代之的是思维、知识面、创造力、沟通力、影响力，在这些方面，女性与男性完全可以平起平坐。

在此，经济基础决定上层建筑这一社会发展原则确实管用。当女人不再在经济上依附男性，自己可以工作，有独立收入，有事业，有发展规划的时候，婚姻的维护与保鲜确确实实就是两个人共同的责任了，任何一方都没有可能对婚姻稳操胜券。因此，好的婚姻关系，和睦的家庭气氛，平和的家庭心态需要夫妻双方共同经营，甚至离不开孩子的支持。

基于上述理念，我们不认为离婚等于失败，更不同意离婚等于无能的说法。如果夫妻双方确实感情破裂，确实在人生观、世界观、价值观方面存在着或出现了难以愈合的裂痕，离婚是正确选择，是及时止损，防止伤害面进一步扩大和蔓延的明智之举。结束一段坏婚姻，从上一次失败的婚姻里总结经验，汲取教训，加以反思，获得成长，从人生全程来看是积极的、建设性的、值得的。

孩子真的不是大人的累赘

在成人眼里，孩子似乎永远长不大，永远需要关心、呵护与照顾。实际上，孩子不仅是消费者与被养育者，也是生产者与养育者。从家庭生产的角度看，孩子年幼时的确无力参与社会生产，无法为家庭带来经济收入或物质财富。但如果我们全方位地看待家庭生产与物质积累，家庭资源与财富的累积不仅仅是看得见的有形物、不动产、存款，还包括家庭的信念信仰、价值观，家人之间的互动方式，家庭组织结构，家风等看不见的精神层面、文化层面的东西。

孩子的到来与存在，预示着家庭要面向未来。要为家庭长久发展进行设计与规划，不仅要过好当下的日子，还要过好未来。

要求父母及家人要关注自己的学习与发展，注意把健康、积极的东西传递给孩子，努力营造和谐良好的家庭关系与家庭文化，使孩子在有养分、有阳光、有生机的环境里成长。由此来看，孩子正是家庭发展的动力与方向，每一个负责任的家长都会为孩子的长远发展着想，因此，也就决定了孩子将正面力量带入了家庭。

很多时候，孩子虽然稚嫩，但他从生命的积极本能出发，会向父母表达爱，会以自己的笑脸与拥抱回报父母的辛劳，会以自己的愤怒与不满对父母的错误表示抗议，会善意地指出父母的失误与不妥，等等。所有这些都代表着孩子始终都参与着家庭的生产、发展与完善，智慧的父母绝不会忽略孩子这个重要资源，而是要充分地挖掘、激活、扶持它。

家庭之外拥有更丰富的资源

小雅母女能够得到的家人支持少得可怜。生父自顾不暇，事业挫败后，醉生梦死，放任挥霍，不但不能资助或支持母女，反而给母女俩带来无尽的烦恼与伤痛。小雅的外公外婆受陈旧观念的束缚，对离婚的女儿和外孙女嫌弃、回避，这无疑进一步加剧了母女二人的经济负担和生活困难。小雅妈妈再婚的丈夫及其家人，对她们母女另眼相看，充满排斥和芥蒂，令小雅和母亲的精神备受煎熬，让生活产生诸多不便。总之，小雅母女得到的家内资源微乎其微，更多的是负面的影响和干扰。

在此情况下，小雅母女必须打开视野，开放思维，积极从外界寻求资源与支持。生活艰难的时候，小雅妈妈外出工作，有时候一个人打两份工。尽管很困难、充满艰辛，但靠自己的双手劳动与付出，毕竟是解决生活来源的唯一选择。小雅常年坚持学习打鼓，教练的认可、鼓励，减免费用，通告信息，帮助小雅报名参赛，都是对小雅母女的巨大支持。使得小雅在专业特长的道路上坚持了下来，并获得优异成绩。优异成绩的取得，不仅仅是荣誉，更是精神力量和信念注入。小雅说："很多时候，我真的有点儿不想练了，特别是家人无情无义、相互拆台的时候，我都想放弃了。可是，每当我站在大鼓面前，拿起两根沉甸甸的鼓槌，我立刻就会尽情挥洒，忘情地捶打。让所有的不满、所有的不幸都随着鼓声击碎。一场酣畅淋漓的击打之后，我就找到了力量，看到了新生，困难与不幸就忘记了。"

3 母女一心，其利断金

传统观念中，女性是弱小的，尤其离婚母亲，自己带个孩子，人们总会以同情的心理相待。没错，女性有其弱小的一面，如身体上、气力上。但是，女性在心理、精神上绝不弱小，甚至很强大。单亲母亲以自己高尚的人品、健康的人格、勤劳的言行，不但为孩子打造了生机勃勃的生活，并对孩子进行思想引领和精神感召，成为彼此支撑、相互砥砺的力量和陪伴。

| 家庭故事 |

没钱，妈妈拼命干，女儿拼命省

因为有重男轻女的思想，梦瑶一出生便带来了爸爸对妈妈的失望。梦瑶妈妈不同意再生一个，而梦瑶爸爸坚持要儿子来"传宗接代"，所以离婚不可避免。

梦瑶妈妈没文凭、没技术，为了养女儿她只能努力工作，一个人打两份工，白天在一个公司做保洁，晚上到一家医院当护工。别人都不喜欢照顾危重病人，但梦瑶妈妈喜欢，因为这类病人的家属不但不计较费用，甚至还愿意多出些钱，只要她把病人照顾得好一点儿。可时间一长，梦瑶妈妈的身体熬不住了。贫血、低血压，她总感觉头晕，白天昏昏沉沉，晚上老失眠，不得已她放弃了晚上的工作。后来朋友介绍她去帮人看孩子，她老实本分、手脚麻利，还很有哄孩子的经验。雇主很满意，与她签下了3年的合同，于是她又开始自己两份工作的生活。

梦瑶深知家里的每一分钱都来之不易，所以她能省就省。她在家吃早饭、晚饭，不吃任何零食。中午在学校吃营养餐，水果等吃不完就带回家。笔记本一定用到最后一页，笔直到写不出字才会换笔芯。学校组织运动会或者是外出郊游，除了水和妈妈做的午饭，她也不买任何零食。有时候妈妈也会给她一些零用钱，但她从来舍不得花。遇到想看的电影，她就耐心地等电影下映，然后在网站上找资源。她知道自己还不能挣钱，但自己可以尽可能地省钱，妈妈负责"开源"，她负责"节流"。

妈妈陪女儿渡过人际难关

梦瑶是个安静的小姑娘，不善言辞，成绩中上等，属于那种掉在人堆儿里看不见的。在学校里，她发现自己没有知心朋友、没有小圈子。她几次向妈妈诉说自己没朋友的苦恼，在妈妈的鼓励下，她主动邀请同学来家里玩。虽然房间不大，但干净整洁，妈妈的招待热情周到，逐渐她家成为了好友聚会的地方。

上初中后，梦瑶和班里的一个男生彼此喜欢。妈妈知道后，不但没有直接遏制女儿的感情，反而增加了与女儿聊天的次数和时间，听女儿分享男生的经历、故事，引导女儿注意交往尺度。在女儿"谈恋爱"的日子里，她装作漠不关心，实际上心和眼睛就没从女儿身上离开过。初三第一学期结束，梦瑶伤心地告诉母亲，那个男生将会和家人一起移民，两个孩子渐行渐远，梦瑶的落寞与伤感始终挂在脸上。妈妈不会主动问起，只有女儿主动提及时，她才会悉心开导。半年后，梦瑶走出了阴霾，恢复到原来阳光、快乐的样子。

孩子心语

梦瑶说："家里真的没有钱。"

我爸之前还上班，有一次下夜班的路上出了车祸，等我爸好了，他原来的单位就把他辞退了，而且也没赔什么钱，然后我爸就是待业！待业！待业！所以他也不可能给我抚养费啊，就只靠我妈一个人养我，她也是自己挺过来的。我姥姥家那边的亲戚都在河北，谁也指不上，我们家吃低保。有一回大严查，严查低保，有人就把我妈妈告上去了，然后就把我和我妈妈的低保撤下来了。但是我们怎么能没有低保呢，当时妈妈工资800多元，我和我妈妈的低保加起来1000多元，我还要上学，要是没有低保不行啊，钱真的不够花。

梦瑶说："妈妈吃过很多苦，我都看着呢。"

我妈就只能多干活儿，当清洁工，在医院里当护工时就找危重病人，那种谁都不愿意干的活儿她去干，因为这种活儿能多挣点儿钱。后来因为我妈会看孩子，就去给人家当保姆了。因为她干得特别好，很会带孩子，现在她能挣到4000多元。但是她挣了钱也不会乱花，都攒着，等着给我上学用。真的，我妈为了我多受了很多苦，对我的任何事儿都特别上心，所以我上学成绩差一点儿我都觉得特对不起她，我就想好好学，以后好好报答她。

| 父母独白 |

妈妈说："恨谁都没有用，最重要的是把孩子养大。"

恨不恨他，我说不清楚，仔细想，我对自己说，怨恨谁都没用，关键是把孩子养大。我就是这么要求自己的。什么幸运不幸运啊！我根本不想这么多，就是不幸运，又能怎么样呢？努力改善吧，能改善到什么程度就到什么程度，反正你不能放弃，放弃了，就更没有机会了。

我不跟别人比，没法比，比我幸福的人到处都是，也有不如我的人，过好自己的生活就是了，别人与你没有太多关系。我经常跟我女儿说："妈妈就有这么大本事，全部使出来了。这是我能为你做的一切。"孩子很懂事，我们家条件不好，所以她也很努力，她说："我也把我的本事全部使出来，也可能以后咱们的日子会更好一些。"她能这么想、这么做，我就很高兴了。我对她没有太高要求，只要努力过就可以。不过现在来看，努力和不努力还是不一样的。

妈妈说：“我可以没钱没势，但我一定要有良心。”

我是一个特别普通的人，从来没想那么多。要钱没钱，要势没势，只有劳作，靠劳作争取一些改变。有人说，我太善良了，善良到有点儿傻。我没想这么多，善良不善良，我也没和别人做过对比，我只知道凭良心做事。我前夫对我们娘儿俩不好，他弟弟妹妹对我们也不好，但我觉得公公婆婆不欠我们的。我们结婚、生孩子，后来住在他们家，老人们没说过什么。看着老头后来不能走路了，只有我在身边，我不可能看着不管，我是凭良心做事。

到现在，我女儿人品还不错，我总觉得跟我凭良心做事有关。大人怎么做，孩子都看着呢。他爸爸做得就不好了，我再往不好了做，等于是把孩子毁了。所以，我就想为了孩子，我也得凭着良心做事。

爸爸说：“我没有资格打搅他们娘儿俩。”

我不是一个好丈夫，也不是一个好父亲，既没管过媳妇，也没管过闺女，她们肯定记恨我，那我也得受着。离婚好多年了，孩子都上中学了，我是没脸去见孩子，什么都没付出，我凭什么见孩子。就这么着吧，谁也不要打搅谁！我不想打搅她们，我没有资格打搅她们，在我闺女身上，我一分钱没花过，没有尽过父亲的责任，她不接受我，我也得认。

我希望她们娘儿俩往好了发展，我前妻不错，还帮我照顾过我爸几年，我都知道。我很感激她，也没当面感谢过她，如果这孩子有出息考上大学，我会给些资助，就当是我对我前妻的回报吧。

|| 解读与点评 ||

心理、情感陪伴是最稀缺的财富

家庭教育孩子与学校教育、社会教育最大的不同在于，它是通过心理陪伴、感情陪伴进行的。很多父母没有高深的学问，没有渊博的学识，没有娴熟的技巧，但他们用心观察、细心体味、耐心倾听与理解孩子，既不轰轰烈烈，也不振聋发聩，而是在孩子最需要、最渴望的时间与地点出现，使孩子获得安心、赢得信心、拥有梦想。

梦瑶是不幸的，因为父亲不接纳她。梦瑶又是幸运的，因为她有一个始终悉心陪伴的母亲。母亲对她不离不弃、真心用心，在她缺失父爱时，让她拥有更多的母爱；缺失优越时，获得关怀；缺少富有时，拥有陪伴。这反而是很多同龄人不具有的资源与享受，尤为稀缺，甚为珍贵，也是这对拮据、贫困母女最富有的精神财富。

母亲用美好人格养育女儿

不向命运低头、不与亲人交恶、不怨天尤人、不以恶制恶，都是梦瑶母亲身上富有的光辉，闪烁耀眼的品质。按理说，是丈夫对不起她，只因为没有生育儿子，就遭受丈夫嫌弃，拳打脚踢，闹到离婚分手。可她并没有冤冤相报，而是善待老人，照顾公公，送医喂药，直至终老。老人的儿女们并没有给予回报，感恩戴德，在发生房产争执的时候，没有人替她说话，使她和女儿没有居所，只能租房。她也没有穷追不舍，打闹争斗，而是勤劳付出、自力更生，用自己的双手与汗水打拼生活。女儿在学校人际关系不畅，她并没有指责别人、怪罪学校，而是仔细帮女儿分析，巧妙指导女儿应对。帮助女儿走出困境，赢得成长。

梦瑶的母亲没有高学历，没有高文凭，但她具有坚毅善良的品质、美好的心灵、健康的心理、朴素的言行。看似普通平常，却为成长中的女儿树立了积极形象与健康榜样。教会女儿如何面对困难，怎样理解生活，如何发展自我，怎样与人相处，她用自己积极向上的生活态度，为女儿建构了一个真实、亲近、可学、可做的人生楷模。

信念是生活的根基

一定意义上而言，梦瑶母女是极其贫困的。没有住房、没有存款、没有背景，孤儿寡母，但她们依然坚韧、顽强地活着，而且还活得有滋有味，自得其乐。看得出，支撑这对母女坚强生活、努力向上、不畏艰难的最强动力是信念。即不放弃生活，即使人生充满苦难，也要在困难中寻找欢乐。不放弃努力，生活给我的很少，但我始终发奋努力，即使不是最多的、最好的，但我依然求索。不放弃善良，也许生活给我许多委屈，但我不会报复、诋毁，宁愿向着阳光的一面行走，因为我相信生活总有美好的部分。

梦瑶母女用她们踏实、真实、平凡、朴素的行动，展示出普通人面对困境时的努力与坚守，呈现出不竭的生命力量，坚强的人生动力，健康的价值信念，这些全部化作改变生活的力量和追求成长的行为，可亲可敬，可学可仿。

第三章

爸爸在,家就在

1 爸爸带我走天涯

单亲父亲，渴望东山再起，带着女儿走南闯北，寻找机会。颠沛的生活，流离的日子，但爸爸始终没有放弃希望。为了孩子，为了家族，他忍受屈辱，食不果腹，情感受创，但在女儿心中留下了一个慈父形象，一个顶天立地的男子汉形象。女儿也曾担心，也曾受欺，但只要想到有爸爸在，能够为爸爸洗衣、做饭，心里就有了安宁和力量。她不抱怨生活艰难，她只希望爸爸和自己在一起。

| 家庭故事 |

爸爸给了女儿一个"流动的家"

小迪今年14岁,目前在北京生活,她不知道会在这里住多久,也不知道今后会去哪里,不过她丝毫不担心,因为和爸爸在一起就好。

从出生到4岁,小迪和爸爸妈妈在老家韶关生活。小迪爸爸的生意本来很顺利,但后来由于遭人算计,生意出了重大问题,小迪爸爸将家里多年的积蓄都赔了进去,还欠了很多债。之后不久,小迪妈妈就扔下丈夫和女儿跟别人跑了。小迪爸爸被抛弃的事成为这个家族最大的耻辱。不得已,小迪爸爸带着小迪离开了老家。

他们先去了湖南郴州,在那里,小迪爸爸开始第二次创业。由于又要工作,又要照顾不满5岁的女儿,小迪爸爸忙得焦头烂额。正在他左右为难时,一名女子出现了,她带着3岁的女儿也来郴州发展,同病相怜的两个人走到了一起,4个人组成了临时家庭。本以为生活回归平淡,但没想到突然有一天,这位女子的丈夫找上门来,原来她是带着女儿偷跑出来的,连婚都没离!那位丈夫纠缠不休，多次将小迪爸爸打伤，为了解脱，小迪爸爸将原本就不多的积蓄赔给了对方，然后带着小迪北上。

刚到北京时，父女俩身无分文，他们睡过桥洞、住过火车站，寒冷的冬天，连棉衣都没有。他们坚持了一年多，但生活还是没有起色。小迪该上学了，小迪爸爸将她送回老家交由爷爷奶奶照顾。3年后，小迪爸爸在北京总算站住脚了，他做的第一件事就是将女儿接回身边，这让小迪十分开心。尽管生活仍旧不宽裕，尽管他们经常换房子搬家，但小迪却丝毫没有漂泊的感觉，她是踏实的，因为一切都有爸爸在，这让她很安心。

"坏女孩"为生活而战

小迪在老家上的小学。刚上学时，她各方面都很不错，学习努力、成绩优异、懂礼貌。小地方生活圈子不大，班上经常有同学讥笑小迪，说她妈妈跟别人跑了，说她爸爸没本事、养不起老婆、在外躲债不敢回家。时间一长，欺负她的人越来越多，每天还有一些坏小子等在校门口向小迪要钱，如果没有钱就撕烂她的书和本子。最初她为了息事宁人，从嘴里省出零用钱给坏小子们。但后来小迪发现这样不能解决问题，他们只会要更多的钱。后来小迪就开始不给他们钱，坏小子们打她，她就反抗，尽管会受伤，但的确能起到一定的震慑作用。再后来，她学会了"先发制人"，她主动找学校中的"老大"，和"老大"混在一起，逃学、打架、泡网吧，还学会了抽烟。三年级的时候，小迪已经是那一片有名的"坏女孩"了，至此没有人再敢欺负她。不过小迪有自己的原则，她从不主动出击、欺负他人，她的"坏"只是想用来保护自己罢了。

| 孩子心语 |

小迪说："**我必须让自己强大起来，让别人不敢欺负我。**"

我有自己的原则，从不主动欺负别人，但也绝不忍受别人的欺负。我是挺"野"的，我是故意让自己变"野"的，这样别人就不敢欺负我了，我会故意干很多冒险的事情，比如去山上的坟地，别的女孩儿都不敢去，只有我一个女孩儿跟着男孩子去，在坟地里闲逛，就是想锻炼自己的胆量。还和男生一起去山里钻山洞，回来讲给同学们听，把那些女孩子都吓得要死。我还在废弃的河道里游过泳呢，水很脏的，每年都有人淹死在那儿。翻墙、爬树，什么危险干什么。偷偷去网吧，被学校抓住后在全校同学面前做检查。这么一折腾，学校里就真的没人敢欺负我了。

小迪说："我爸是真男人。"

我爸人真的很好，有时候我都替他不公，你说他怎么就那么背呢？我妈跟人家跑了，在湖南时那个阿姨的丈夫又来闹，到了北京好不容易又结婚了，结果继母又死了。但就这样，我爸还一直在我面前替我亲妈说好话，他就想让我不要对我妈有偏见。他说当时的情况他能理解，他们破产了，一分钱都没有，他们都流离失所，根本没有地方住，连我们家房子都被扣了。所以，我爸说他也能理解，叫我别恨我妈，我觉得我爸就是那种真男人，有勇气承担，还特大度。

| 父母独白 |

爸爸说："我没有想到女儿替我受了这么多苦。"

是我的人生太失败了，害得女儿跟我吃这么多的苦。她妈妈走时，她很小。那么小就没妈，也不能说没有，是她妈妈不要我们俩了。但她妈妈跟别人跑了也是我的失败造成的，我做生意亏本，欠了很多钱，日子确实没法过了。可是孩子无辜啊！所以，这些年我经常跟年轻人说："不要轻易要孩子，不是养不养得起的问题，而是你是否真的能做到对孩子负责。"

是啊，为了躲债，女儿5岁的时候就跟着我到处跑。躲债期间，我们父女俩住过桥洞，一连10多天在火车站睡。她那么小，想想那时的经历，我就会流泪。真对不起她啊！一天吃一碗泡面，饿得她天天哭。我作孽啊！大冬天，北方多冷啊！我没有钱给她买棉衣，最冷的时候，就把她裹在怀里，我觉得女儿能活过来就不错了。

后来实在不方便，也是因为要上学，我只得把她放在老家。没想到她受过那么多欺负。大孩子跟她要钱，家里哪有钱啊！打她、羞辱她、撕她的书……想着我都生气。

我女儿还劝我呢："没必要这么生气，我不是挺好嘛！虽然被欺负过，但这也使我变得特别坚强。今后走上社会，我什么都不怕。我肯定不会欺负人，但也一定不会被人欺负。"

爸爸说："我女儿不是坏女孩。"

为了上学，我把她放在老家，由爷爷奶奶照顾。我知道这样并不好，可我没办法。小学之前，我把她带在身边，饥一顿饱一顿的，颠沛流离，居无定所。把她放回老家，女儿总算有个固定的住处吧。没想到，妈妈跑了，爸爸不在，孩子总是被人指指点点、欺负。女儿跟我讲过很多被欺负的场景和细节，我痛苦啊！孩子太不容易了。爷爷奶奶帮不了，爸妈又不在，怎么办？只能自己生扛。

接女儿来北京之前，家里老人、亲戚跟我说，这个孩子学坏了，再不管就不可救药了。我也吓了一跳。跟女儿相处这两三年，我越来越明白了：她不坏，她是为了生存。打别人是因为总有人打她，上山下河是因为要锻炼自己的胆量，在学校里称王称霸是因为她必须让自己强悍，这样才不会被人欺负。来北京两三年了，没有人欺负她，她再也没有打过架。

不过女儿"变坏"的那几年对她造成的不良影响还是很大的，女儿的学习基础、学习习惯都很差，在这边读书，她根本跟不上。我们俩现在最愁的就是这件事。她也知道学了，也想考出好成绩，可是功课落得太多了，学起来真是费劲！看着她天天学得那么痛苦，我也心疼。可是我们没有别的路可走！我们都在坚持，北京的学习条件这么好，不好好学习都对不起自己。

爸爸说："女儿跟我一起撑着这个家。"

我还有个儿子，他还很小，还不到1岁，我姐帮我养呢。女儿过两年上高中，也算大孩子了。我们家严重的阴盛阳衰，除了我、我父亲、我儿子，其他都是女人。几个姐姐都没出过县城，女儿还算见过世面，也算跟我走南闯北了。所以现在家里很多事，我都找女儿商量，听听她的意见。你别说，有时候她的想法对我还真有些启发。

这一次我现在的老婆出车祸，我真的是悲恸欲绝，甚至都不想活了，是女儿陪我度过这段最艰难的日子。她从早到晚看着我，不离左右，怕我做傻事。我知道孩子的心思，她是怕失去我！站在我的角度想，在这个世上，她是我最亲密的人了，我不可能撒手不管。

她给我做饭，劝我想开点儿，央求家里的亲人鼓励我、帮我。就是在她的提议下，我姐她们把我儿子接回了老家，这样我可以腾出一些精力打官司。她还去学校咨询老师，找同学家长帮忙，指点我找交通队、写诉状，现在法院已经受理我的起诉了。这一次，要不是女儿的帮助，我真的不想活了。命运为什么如此对待我呢？我有时真的想不开。可又一想，老天爷还把女儿留给了我，我让她吃了那么多苦她却没有记恨我，我必须好好活着，为了我女儿，为了我儿子。

解读与点评

为生存而战,女儿运用隐性抗逆力

美国学者亨特(Hunter)通过焦点小组观察青少年,研究他们的生活状态与生存策略。研究发现,青少年面对压力或生活挑战时,会启动自我资源和外在资源,主要呈现出三种策略,体现为从生存—生活—发展的连续。如下图所示。

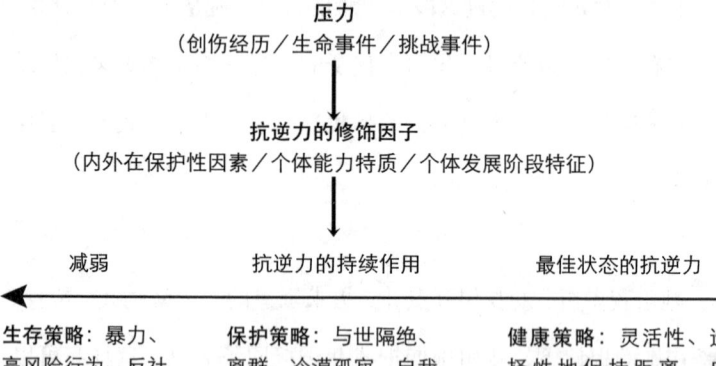

压力
(创伤经历/生命事件/挑战事件)
↓
抗逆力的修饰因子
(内外在保护性因素/个体能力特质/个体发展阶段特征)
↓

减弱　　　　　抗逆力的持续作用　　　　最佳状态的抗逆力
←――――――――――――――――――――――――――→

生存策略:暴力、高风险行为、反社会行为、情绪倒退

保护策略:与世隔绝、离群、冷漠孤寂、自我依赖、不信任

健康策略:灵活性、选择性地保持距离,自尊、自我效能、能力、信任、社交性表现良好

· 前两种情况存在发生心理社会失调的潜在因素或成年期的精神分裂等问题
· 会出现明显的自我防御行为

图1　青少年抗逆力层次模型

生存是基本需要,当孩子面临明显的生存挑战时,他会尝试各种方式保全自己,存活下来。如果面对的生存挑战很险恶,极

其困难，甚至紧急迫切，青少年有可能采用不良手段或偏差行为予以应急，进行抵御。他们的行为方式可能是不良的，甚至违法违纪，不过动机是积极的，为了生存、为了存活。抗逆力研究者将其命名为"隐性抗逆力"，即表面看来是不好的、负面的，但实质是出于生存的需要。

小迪被放在老家同祖父母生活的那几年，因为父亲破产，母亲出走，爷爷奶奶无能为力，她遭受到严重的欺凌、侮辱甚至伤害。面对劫钱、撕书、群殴等威胁生存的挑战，小迪不得已奋起反抗，暴力相向。为了武装自己，示威对手，小迪不惜把自己塑造成"假小子""坏女孩""问题少女"，其目的是把自己变"坏"，"以恶制恶"，只有这样才能保证自己免遭欺辱，不被伤害。

我们要肯定小迪行为的积极动机——渴望生存，不甘毁灭。这是促进青少年积极发展、正面生长的根基。当然，我们肯定不支持青少年采用破坏行为寻求自救、自保，更反对他们为了自我生存，损害公共利益，牵连无辜。所以，对待小迪这类处境、这类行为表现的青少年，离婚父母、家人务必从孩子的长远发展出发，为孩子选择利于生长的环境。切记不能图省事、只图大人减轻负担、只顾父母自己甩包袱，无拖累。有时候，一时的省事可能葬送孩子发展的关键期，毁坏孩子一生的成长路径，最后令人追悔莫及。

孩子是家庭不可或缺的支点

梳理小迪走过的短暂的人生历程，尽管短小无奇，但也充满了超出常人的挑战、苦难与坎坷，相对于绝大多数同龄的少男少女而言，小迪是不幸的。父亲破产、母亲出走、父母反目、继母早逝、弟弟幼小。生活颠沛流离、居无定所、债主追击、担惊受怕。但在这个过程中，小迪经受了同龄人少有的艰难。她要面对欺凌时学会保护自己，并与坏孩子抵抗；她要面对父亲生活与工作的变故，与多位女性的相处，在多种地方生活；她要适应不同学校、各色同学及学业压力。即使困难重重，也要咬牙坚持。她要陪伴父亲、安慰家人，在家庭最困难、最危急的时候，她要挺身而出，面对生活。

可以看出，小迪已经扮演了家庭不可或缺的支点。她是父亲的精神支柱，在父亲无助、困苦的情况下，成为父亲的坚强后盾。她是家人的关键联络人，在继母、生母、祖父母、姑姑之间，成为一条重要的串联线。她是家庭的希望与期盼，需要她努力学习，力争考学，为家人带来新的发展可能。弟弟尚小，需要她尽快成长起来,分担家务,辅助父亲,在现有条件下,帮助家庭渡过难关,寻求发展。

放在大范围来看,小迪是弱小的,小小年纪,难以改变命运。放在小迪的家族来看,她又是强大的,承载着一家人的希望与未来,扮演着不可取代的角色,发挥着不可取代的作用。

父亲的不放弃是女儿的成长动力

一般人看来,小迪的父亲是极其失败的。生意破产、老婆出走、换了几任女友,最后还落得妻子遭遇横祸,女儿跟着遭殃,幼子遗落他乡。

而换个角度,读出的可能是另外一番解释。小迪的父亲确实有挫败的事业起点,不幸的家庭生活,但他始终没有放弃。作为家中唯一的男孩,他责无旁贷地担起家庭的重任,出外打拼,希望撑起这个家。虽然遭受破产,暂时离乡躲债,但他没有放弃抚养女儿的责任。即便妻子出走之后,也把幼小的女儿带在身边,边躲债边寻找发展的机会,渴望东山再起。父女俩住火车站、睡桥洞,他也没有放弃追求感情,以及对家庭的渴望。尽管历经不顺,终究还是找到了感情的归宿,使女儿享受到继母的亲情与呵护，令女儿感恩难忘。即使再遭不幸，妻子车祸身亡，留下幼子，在女儿的陪伴与鼓励下，他勇敢地诉诸法律，为妻子的赔偿奔走。

　　所有这一切，是一个男人应对不幸的坚韧，是一个儿子爱家的责任，是一个父亲养儿育女的执着。女儿与他一同走过，吃了很多苦，受了很多罪，但也体验到了生活的艰辛，更体会到为父的不易与坚强。哲人说，苦难是一所最好的大学。从这所大学走出来的小迪，表现出难得的坚强不屈，这将是她开启未来人生的重要财富。

2 和爸爸一起过日子

父亲无权无势，地位卑微，资源稀缺，但他把所有的爱都给了女儿。身体有病，带病劳作，为女儿挣学费。工作不稳，外出兼职，为女儿改善生活条件。担心自己病重无法一直陪伴女儿，还在为女儿安排今后的生活。父爱是深重的，父爱是含蓄的，父爱是无声的，但他传递给女儿的爱与联结是积极的、坚强的。女儿将此化作勤劳、努力、感恩与回报，与父亲一起面对生活的艰难。

| 家庭故事 |

住在阁楼里的家

婷婷的爸爸是河南人,妈妈是四川人,他们是在北京打工时认识的,后来结婚有了婷婷。结婚初期的几年,爸爸跟车跑长途,长期在外,妈妈在家负责照顾婷婷。婷婷3岁时,婷婷妈妈执意叫回在外工作的婷婷爸爸,要求离婚,自己什么都不要,连女儿都不要,只想离婚。无奈之下,婷婷爸爸在离婚协议上签了字。婷婷的奶奶去世早,爷爷身体不好,没有人可以过来照顾婷婷,不得已,婷婷爸爸换了份工作,一个人边工作边照顾女儿。婷婷爸爸早年做过木工,托老乡介绍进了这家家具厂。可是婷婷爸爸有哮喘病,木屑粉尘加剧了病情,一到冬天,总是咳嗽不止。他也曾想过再换个工作,苦于自己一没学历、二没经验、三没关系,所以就在这里一直干了下去。

婷婷和爸爸的生活很拮据,家具厂的效益不是很好,爸爸的工资是计件的,即使每个月干到极限,到手的钱也不会很多。特别是冬天,生意少,工资就更低了。所以婷婷从来没有零用钱,爸爸每个月给她150元充学校的饭卡用,早饭、晚饭在家吃,午饭一顿6块钱。如果要买文具等必需用品,她会将花费降到最低,尽可能地节省。他们住在家具厂的一个自建阁楼中，面积很小，两张木板拼成的单人床，中间有个过道儿，左边婷婷住，右边婷婷爸爸住。一个简易衣柜夹在两个床头之间，放的是父女俩的衣服。床板下挤着大大小小的塑料袋，装着父女俩的其他家当。洗衣机放在一层的公共洗澡间，电饭锅和冰箱在一层的办公室，婷婷要是想看电视，就会去那里。

爸爸的病是女儿的心病

自打记事儿起，婷婷就知道爸爸把自己拉扯大不容易。她知道为了能多赚钱，爸爸会主动申请加班。知道爸爸不愿买药治哮喘，是想给她攒更多的钱。婷婷也知道爸爸不再娶，是不想给她找后妈，怕她受委屈。所以她尽量做些力所能及的事，来减轻爸爸的负担。

每天放学回家，婷婷会先把米饭焖好，然后炒一个菜，等着爸爸下班吃饭。每逢周末，她也不睡懒觉，早早起床，把脏衣服洗干净，然后去买下一周的菜。

婷婷不喜欢冬天，因为天气冷，厂房里没有暖气。爸爸整天咳嗽，她听着心疼。爸爸曾问婷婷："我有哮喘，万一哪天死了，你打算怎么办？"婷婷斩钉截铁地说："哮喘死不了人，爸爸肯定能活得很长。"嘴上这么说，可婷婷心里害怕极了，她怕爸爸哪天真的死了，她不知道自己还有没有活下去的勇气。

孩子心语

婷婷说："我就是我爸的命。"

我没见过我奶奶，她很早就去世了，我妈和我爸离婚后，我也没再见过我妈，我爸一个人把我养大。其实他离婚时挺年轻的，但是一直没再结婚，如果现在他再找，我肯定会不舒服。也许是为了我吧！有时候我爸爸骂我，我就跟他犟几句嘴，但是不一会儿我就会后悔，感觉特对不起他。厂子里的人都说我爸爸对我挺好的，只是不太爱表达。他为了多挣些钱供我上学，有时还会出去拉货。我爸爸的工作是计件的，冬天不行，夏天可以多干点儿。他有哮喘病，一到冬天就容易犯病，我冬天也帮我爸干点儿活，做那个床箱，一个也就10块钱。平时做饭、洗衣服什么的，反正我能做的我就帮他做做。他和我亲妈好像还有联系，因为他跟我开玩笑说，如果他死了就把我的户口转到我亲妈那里去，然后我就急了，我哪儿都不去。她一直都没养过我，我真的离不开我爸，我都不敢想他要是没了我该怎么办。

婷婷说："我爸不去开家长会，怕给我丢人。"

从小到大没有人给我开过家长会，每次开家长会，我爸都不去，他跟我说是因为太忙，但是跟别人说他是觉得自己是个打工的，很穷，如果去了，只会丢我的人，所以我也不敢勉强他去。第一次开家长会，我爸就没去，然后我就在班里哭了。后来老师看见了，她知道我家的情况，就安慰我，后来只要开家长会，我爸如果不来给老师打个电话就行了，大家都习惯了。其实我倒是无所谓，由于我成绩好，我爸虽然是穷，但我家穷成这样我还能学习好，不是更能说明我爸的教育是好的吗？

| 父母独白 |

爸爸说："我担心自己活不了几年。"

这几年，我的身体越来越不好，一到冬天我的哮喘更严重。哮喘倒也不是什么疑难杂症，关键是一直没有坚持看，吃药也是断断续续的。厂子效益不好，半年多没活了，吃饭都得省着，更不敢吃药了。老板两口子心眼挺好，没辞我，他们知道离开厂子，我和闺女真没地方去。所以，我在厂子里什么都干，有活儿就抢活儿，没活儿就出去打零工。同时也帮着老板看看厂子、收拾东西、打扫卫生什么的。

孩子一直跟着我，她妈后来跟找的那个人有孩子，还是男孩，我担心我闺女跟着他们会受委屈。不过，我跟她妈一直有联系，我也早就跟她说好了，要是我死了，就让闺女去找她，她同意。现在关键是做我闺女的工作，她不喜欢她妈，还有点儿恨她妈。

爸爸说："孩子跟着我挺受罪，她说她愿意。"

这孩子挺乐观的，让我说是苦中寻乐。我们没房，住在工棚。活儿多的时候，工友们就住在工棚，困了就睡，醒了就干。我在这儿干得时间最长，快10年了，我跟闺女占了工棚的一角。她还挺愿意，人多的时候，可热闹了，锤锤打打、电刨、电锯，孩子都喜欢热闹。几十号人生活在一个院子里，赶上谁家吃谁家，孩子喜欢。老板、工友对我们父女俩都不错，有几次我生病严重，都是工友给送到医院的，要不我早就没命了。老板也很好，几个月没活儿了，闺女的学费、书本费都是跟老板要的，相当于欠着人家的。没办法啊，我也顾不上那么多了。

‖ 解读与点评 ‖

家人之间是关系性生存

对婷婷爸爸来说，不仅仅是吃苦耐劳的问题，他自己拖着一副病体还坚持工作，坚韧顽强地生活，更主要的是为了女儿。能坚持一天是一天，多坚持一年是一年，这样就把女儿陪大了，孩子有爸爸的日子就会多一些、长一些。从这个角度来看，婷婷爸爸都是为女儿活着的。他们是彼此的寄托，因为有女儿，因为女儿还未成人，爸爸不甘放手，不肯离去。由此来说，因为有女儿，爸爸还有坚持与守候的信念。因为有爸爸，因为爸爸身体不好，女儿才要更好地活着，活得阳光，获得光芒，以此回报父亲的守候。所以说，家人都是互生的，是一种关系性生存，你的存在是别人的支点，别人的存在也是你的支点，一家人是彼此的希望。

苦中寻乐是生命力的体现

相对于多数孩子而言，婷婷与爸爸的生活的确挺苦的。工作不稳定、收入不确定、没有住房、父亲患病，都是不小的家庭危机，随时都有可能成为压垮家庭的最后一根稻草。即便如此，婷婷还把自家的角落称为"阁楼"，简陋破旧，但那是她和爸爸的家，是父女俩相爱相依的地方。是她上学回来的落脚之处，玩耍之后的休息之处，委屈之后的归宿之处。她去老板的办公室看电视，在凌乱混杂的车间里找玩具，帮爸爸钉箱子挣零花钱，以自己的乐观坚强赢得大人们的喜爱，努力学习争取好成绩，所有这些都体现出婷婷不屈不挠、坚忍顽强的生命力。这种力量是与生俱来的，是生命的根基所在，是生命得以继续、生活得以丰富、家庭得以保护、事业得以发展的原动力和内驱力。有它就有希望，就有力量，就有改变的可能。这是我们特别愿意为婷婷点赞的地方。

婷婷具有挖掘资源的能力

爸爸没有自信参加家长会，婷婷虽然感觉遗憾，但她并没有埋怨父亲，而是主动找老师说明家里的情况，赢得老师的理解。爸爸工作的厂子一时半会儿开不出工资，父女俩日常生活都难以维持。婷婷主动找老板，磨会计，介绍自己的学习情况，交代爸爸的病情，努力赢取老板夫妇的同情心。这很有效，每次都能借到钱，保证了父女俩的日常生活。可以看到，婷婷能够主动向外寻求资源，向内鼓动自信，补救父女俩的短缺与局限，缓解他们的困境，帮助父亲渡过难关。

3 父爱如山

　　这位父亲，没有洋房，经济拮据，身患重病，时日有限，但他仍然没有放弃养育女儿的责任与担当。远赴外省，打工养家，他知道生命有限，却不肯花钱治疗，宁愿将有限的生命化作有限的资源，供养女儿，死而无憾。这种父爱，已然伟大。当家人和孩子无能、无力帮其延长生命的时候，只能通过亲情传递力量。可喜的是，传递已经点燃了希望，女儿一直在努力，用自己的懂事和学业回报父爱，渴望创造奇迹，渴望父爱永长。

| 家庭故事 |

妈妈走了

雨婷家坐落在村子的半山腰上,房子已经塌了一角,露出里面的砖头,外墙上刷的白灰,在雨水的冲刷下已经泛黑、脱落。屋里是土墙,黏土和着稻草清晰可见……

当初雨婷妈妈相中了雨婷爸爸的老实本分,觉得尽管穷,但日子还能过,所以就嫁给了他。雨婷5岁时,夫妻俩一同去了广东打工,大城市的繁华对雨婷妈妈有太强的吸引,她向往着自己能成为"有钱人",所以慢慢地与另一个男人好上了,正在这时,雨婷爸爸身体不舒服,去医院检查,结果居然是肠癌,要动手术并静养一段时间。最后一根稻草令雨婷妈妈放弃了丈夫与女儿,并从他们的生活中彻底消失。

雨婷清楚地记得,爸爸不愿离婚,拉着她在全家人的陪同下,去了邻村的外公外婆家见自己的妈妈。雨婷爸爸苦苦哀求雨婷妈妈,请她想想年幼的女儿。但雨婷妈妈看都不看雨婷爸爸,在众人面前,雨婷爸爸弯曲双膝,给她跪下了,求她别离婚,而雨婷妈妈留给雨婷爸爸的却是一个绝情的背影。尽管当时的雨婷只有

6岁，但这一幕深深地印在了她的脑海里，即使历经时间的洗涤，但这段记忆从未褪色。

爸爸送的礼物，珍贵无比

离婚后，雨婷爸爸将女儿交给爷爷奶奶抚养，自己经朋友介绍，去青海山区打工。主要做开山时的岩石搬运工作，崎岖的路，车是过不去的，能移动的，只有人的两条腿。他为了多挣些钱，每天从早到晚，往返在这蜿蜒危险的小山路上，任汗水湿透衣背，雨婷爸爸也不肯停下来歇歇。山里没有信号打不了电话，雨婷爸爸每次给雨婷打电话都要爬到海拔上千米的山顶，才能架起父女二人的沟通之桥。

一般情况下，雨婷爸爸只会在春节回来，每次回来，他都为雨婷带一份别致的礼物：一朵精巧的头花、一件红裙子、一把指甲刀、一种当地小吃等，这些东西花不了多少钱，却透露着爸爸的精心，承载着满满的父爱。在雨婷心中，这些礼物都是最珍贵的，她将爸爸送给她的头花放在一个小盒子里，把红裙子用衣架支起来，平时舍不得穿，只有重大活动或是爸爸回来时，雨婷才会将衣服穿上身。除此之外，爸爸还特别喜欢收集石头，他常常在工地上遛弯儿，捡拾一些有特点的石头带回家来和雨婷一起欣赏。爸爸带回来的石头也成了雨婷的珍宝，她小心地将石头放到一个精致的盒子里，想爸爸的时候，她就将石头拿出来欣赏一番。她说见到石头，就像见到爸爸一样。

孩子心语

雨婷说："爸爸给妈妈下跪了。"

当时，我们家这边，包括一些关系比较要好的姑姑、阿姨、邻居都去了我外婆家，去求我妈别走，不要和我爸离婚。我记得很清楚，我奶奶拉着我，我爸爸都给她跪下了，她也不领情，就坐在椅子上，都不看我爸一眼。后来亲戚把我爸扶起来，他当时身体不大好，然后我们就出来了。那天夜里比较冷，我的鼻子不大舒服，有点儿流鼻涕。我爸爸还劝我说："你别哭。"其实当时我没哭，只是不舒服，当时对妈妈就没有什么感觉了。后来我奶奶说，没过多久她就在广东嫁给和她相好的那个男人了。

雨婷说："爸爸总是惦记我。"

地震后，家里的房子塌了一角，还裂了好几个缝子。有一天晚上，我们全家人去村里开会，商量要不要修房子，我说没必要修，虽然裂了，但还能住，如果修要花好多钱。然后我爸就出去了，蹲在茶树旁边，我觉得他不对劲儿，就出去看看，结果他眼圈都是红的，特别抱歉地对我说："怎么办？女儿，爸爸我连房子都给你修不起。"我就安慰他："房子是用来住的，能住就行啊。"青海由于地震的缘故，他那边信号不好，我生日那天，就是17天前，都很晚很晚了，我爸给我打过来了，他说是用一种什么卫星电话打给我的，好贵的，20块钱1分钟，就为了向我说句祝我生日快乐，我们打了3分多钟呢。3分多钟的费用，基本上就是他一天的工资啊。那天，叔叔、姑姑也来奶奶家给我过生日了，都给我买了礼物，但我觉得我爸的这通电话才是最珍贵的礼物！我爸不怎么会说话，但是他心挺细的，每次回来都会想着我，给我选礼物，衣服、手链、项链，还带过一瓶香水。有一次，我爸爸实在是不知道该带些什么了，就在火车上买了一套修剪指甲的工具，说让我把自己的手修得漂亮一点儿。还有，我爸爸喜欢石头，他总是会带各种不同的石头回来。好重的，他都是自己背回来的，我会小心地帮他收在盒子里。

雨婷说："最怕爸爸离开我。"

其实，我挺不放心我爸的，他生过大病，也没有休养多长时间，生病不到半年就出去打工了。我不想让爸爸外出，可家里真没有其他办法了。爷爷奶奶都老了，我还小，只能靠爸爸挣钱养家。他也没什么技术，只能干体力活，挣钱还不多，爸爸很难啊！我就盼着爸爸别再生病了，只要别再病倒了，少挣些钱也没关系，我们省着用就是了。我每天都为我爸爸祈祷，求老天保佑我们一家，别再让爸爸生病了。

父母独白

爸爸说："我媳妇看不起我。"

我没生病之前，她跟我还行。我们一起出去打工，能多挣一些，第一年在广东，她和我挺好的。问题出在我不但生病，而且还做了大手术，于是她就变了。可能她觉得我没有希望了吧。因为我当时病得不轻，医生说我活不过 5 年。后来她跟别的男人好了。我知道的时候，肯定生气啊，几次找她争取都没用，她很绝情，我真的没想到。我求她想想孩子，她不管，她是看不上我了，觉得我没有本事，还有病，还怕我拖累她吧。

爸爸说："我没有退路，为了孩子只能拼命。"

我想明白了，反正我也活不了多久，待着也是等死，我不想等死，也没办法等死，家里除了老的就是小的。这几年出来干，是挺累的，不过身体也没坏到哪去。我也担心我陪不了孩子太久，也许都等不到她上中学，所以，我现在能给她什么就给她什么。有人说我惯孩子，那是他们不了解情况，即使有人了解情况也不了解我的心思。你想想，孩子她妈不管，我身体状况又不好，这孩子已经够惨的了。我能多为她做一些，心里会好受点儿。

爸爸说："孩子挺懂事的。"

孩子不到6岁她妈就走了，我常年不在家，只有爷爷、奶奶帮忙照看。其实我很不放心，担心他们生病，担心有人欺负他们，担心孩子不听话。还好，她很听话，学习成绩也很好，每次考试都是班里的前几名。她说好好学习，争取考上大学，以后多挣钱孝敬我。我没准活不到那时候呢，不过听了这话我就知足了，这孩子没白疼。她还帮我照顾爷爷奶奶，两个老人身体都不太好，我女儿提醒他们吃药，有什么情况第一时间告诉我，我也放心点儿。这孩子现在不想让我担心，每次打电话都是报喜不报忧，怕我担心。

|| 解读与点评 ||

有爱就有希望

雨婷妈妈走了，爸爸病了，爷爷奶奶老了，看似令人失望甚至绝望的家庭，雨婷依然坚强、乐观地生活着。如果我们只关注雨婷家庭没有的方面、缺失的方面、不幸的方面，确实会感到失望，因为这个家庭实在被命运捉弄得太多。但如果我们关注这个家庭还有的方面，就会看到希望。雨婷有爷爷奶奶的照看，有老师、同学的认可，特别是爸爸的爱与惦念，那样无私、那样忘我、那样炽热，用生命打拼，用期盼坚守。这一切都转化为支撑雨婷努力学习、乐观生活的动力，转化为雨婷回报父亲、感恩父亲的信念与力量。

苦难催人成长

雨婷的记忆里有爸爸下跪的身影，有妈妈无情的背影，有爸爸远方的声音，有爷爷奶奶的叹息。这些组成了雨婷成长中的苦难，但也因为这些，让雨婷品尝到失去母爱的艰辛，体会到父爱的伟大与深沉，感受过失去的残酷与无情，享受到拥有的温暖与美好。雨婷的生命不仅有美好，也有痛楚；不仅有无情，也有无私；不仅有相守，还有等候。这是生命的厚度使生命内容丰富，使人生饱满并丰富。所以，雨婷更懂得感恩、回报与珍重，更珍惜拥有、联结与惦念。经历过苦难的成长，是踏实、坚持与执着的成长。

爸爸搭起了支持网络

雨婷是不幸的，妈妈走了，不要她了，但雨婷又是幸运的，因为她还有爸爸。父母双全是每个孩子的渴望，但是如果因为各种原因父母不能双全，并不意味着家庭无法继续，关爱不能留存。无论是爸爸还是妈妈，只要能够保持对孩子不离不弃的爱，履行父母应尽的责任，维护健康的亲子关系，就可以化解失去一方亲情的遗憾与不幸。当然，如果联结其他家人，比如爷爷奶奶或是叔叔、婶婶，保持亲人之间的走动与关爱，为孩子搭建丰富、积极的人际关系，就可以将失去亲人的伤害降到最低。所以说，雨婷的爸爸是伟大的，尽管远离孩子，尽管身体有病，尽管经济拮据，但他还是以自己不屈的责任感与爱为雨婷保留了必要的支持网络，使雨婷健康成长。

第四章

婚可以离，亲情不能离

1 夫妻可以分开，亲子无法分开

不少夫妻，因为各种原因，无法白头偕老，和平分手，放开彼此。两个人可以不再往来，可以淡忘彼此。但如果有孩子，必要的联络与交往必不可少。谁去开家长会？谁去见老师？谁带孩子旅游？谁陪孩子辅导？两个人总得相互配合，总得协调商量。所以，离婚是两个人的事，关系可不是两个人的事，只要有孩子，亲子关系终生存续。夫妻分开了，亲子分不开。为了孩子的成长与未来，如何妥善处理，需要离婚夫妻施展智慧。

| 家庭故事 |

妈妈小资，爸爸小农，分开了

晓薇5岁时父母离婚，原因很简单：脾气、秉性不合，生活习惯差异大。晓薇的妈妈出身书香门第，硕士毕业后在大学任教。晓薇爸爸出生于偏僻山村，几岁时父母相继因病去世。大哥既当爹又当妈，把他拉扯大。后来他从国内一所一流大学硕士毕业，留在北京。

晓薇爸爸爸爸相貌清秀，有着南方人的儒雅与机灵，吃过苦，会干活儿，晓薇妈妈豪爽洒脱，颇有个性，令晓薇爸爸欣赏，就这样两个人走到了一起。时间一长，问题暴露出来：晓薇妈妈不会做饭，买菜、择菜、做饭、刷碗都是晓薇爸爸的活儿。晓薇妈妈爱干净，勤洗衣服、勤擦地，晓薇爸爸觉得没必要，经常满身是汗就躺在床上。晓薇妈妈喜欢美食、旅游，晓薇爸爸觉得那样太浪费，常抱怨……用晓薇的话说，妈妈很小资，爸爸很小农，他们就不是一个世界里的人。日子久了，晓薇爸爸找了"红颜知己"，和晓薇妈妈离了婚，晓薇跟着爸爸过。

为了女儿，离婚后他们每周都见面

尽管离婚了，但每周末一家三口都会见面。父母一起带晓薇去公园、游乐场、商场……吃各式美食。晓薇自豪地说，北京的所有景点和商场都有她和爸妈的足迹。

晓薇爸爸和女儿住在南城。可晓薇刚进入北城的一所小学读一年级，他能早起送女儿，却没办法接女儿放学，只能拜托住在北城的前妻接女儿。每天下午，晓薇妈妈去接女儿，让她在自己单位写作业，等前夫下班后再把女儿接走。就像传递包裹一样，天天如此，直到晓薇小学毕业。后来晓薇步入青春期，有了女生的小秘密，三方协商后，晓薇回到妈妈身边，三个人依旧保持着每周见面一次的约定。

晓薇参加了学校啦啦队，每次比赛或表演父母都会一同送她，并欣赏女儿的精彩表现。在学校里，同学都不知道晓薇的父母已经离婚多年，甚至还很羡慕她父母的和谐与恩爱。

因为生活琐事，晓薇的父母分开了，并且他们从未想过复婚。但这种频繁的联络，经常的相处，让晓薇觉得父母就像没离婚一样，一直觉得父母都很爱她。

为了女儿,他们都没有再婚

晓薇爸爸曾试探性地问过她,是否愿意有个"阿姨"来照顾她,晓薇一听就哭了,她叫嚷着自己不要后妈。女儿的哭声让爸爸撕心裂肺,也担心女儿将来受欺负,所以也就断了再婚的念头。

晓薇妈妈离婚时才30出头,皮肤白皙、五官精致、气质出众,身边并不缺少追求者。其中有一个军医,深沉儒雅,也出身书香门第,颇得晓薇妈妈青睐。两人恋爱后,军医提出不允许晓薇妈妈再和女儿来往,他不能接受这个毫无血缘关系的孩子,结果晓薇妈妈果断和军医分手,也再没找过别人。

| 孩子心语 |

晓薇说:"我爸特为我着想。"

和我们同住的还有那个阿姨,她很年轻,东北姑娘,我管她叫姐姐。有一次我和我爸吵架,我爸问我怎么了,我就说那个姐姐的不好。我爸爸说你接受不了的话,就跟我说,我说真的相处不了。现在想想,当时说的也是气话,其实我挺喜欢那个姐姐的,她对我也挺好的。可是,当我爸问我:"你确定真的特别讨厌她吗?"我说:"是。"后来我爸爸对她说我们家孩子接受不了你,那个姐姐就走了，后来我爸也就没再找。

前些天，我爸跟我聊天儿，说他交了一个新的女朋友。他说你也要理解我，我是个男的。我说挺好的，别影响我学习，等我上了大学再说。其实我早就发现了，因为我偶尔会去我爸那儿，我发现我爸房子里特干净，但我爸不会打扫得这么干净，他都是差不多就行了，所以我就猜应该是有别的女的来过。其实现在我跟我妈住，他怎么样并不是特影响我，但他如果结婚了，估计我们见面就没这么方便了，所以其实我爸挺想着我的。

晓薇说："感觉我像个包裹似的，被他们传来传去。"

学校和我爸家离得远，而且那会儿我妈脾气还是臭臭的，我爸怕我跟着我妈受委屈。因为他们离婚前我要是犯什么错，都是我妈打我，我爸护着我，所以他不敢让我和我妈住。每天就先让我妈接我放学，然后我爸再去我妈单位接我，有时候我妈有事的话，我姥姥去接我。那会儿感觉自己像个包裹似的，被他们传来传去。上初一后，我就跟我妈住了，我们仨就周末见面。

| 父母独白 |

爸爸说："其实我们之间没有原则性矛盾。"

我跟前妻之间没有原则性矛盾，有的话也都是些鸡毛蒜皮的小事。那时候都年轻，谁都不服软，也都不理性。每次吵架很激烈，针锋相对，谁都不会让步。话赶话，越气越激动，说话也不过脑子，什么难听说什么。真生气，有时候气得几天都缓不过劲来。那时候不懂，现在回过头来看，就看清了。有什么了不起的啊，谁赢了啊，其实谁也没赢，最后两败俱伤。

结婚初期挺关键的，两个人需要磨合，需要彼此理解，换位思考，我们就没做到，闹到离婚分手的地步，想想也挺不值得的。不过我觉得我们俩做得还好的地方是没有伤及孩子。两个大人针锋相对，吵闹、打骂，最容易伤害孩子。当我们意识到这点的时候，已经不在一起了，说老实话，不想吵了，没意思，也没精力，当然也就没感觉了。也算因祸得福吧，如果孩子一直在我们吵吵闹闹中长大，对孩子的心理影响会很大的。女儿各方面发展得还不错，应该说受到的坏影响并不多。这也算是离婚的积极意义吧！我这也是给自己吃宽心丸呢。

妈妈说:"结婚初期,我感觉自己像个孩子。"

我的第一次婚姻是失败的,现在想想挺必然的。我在我娘家不得宠,我爸妈都喜欢我妹,我特别不服气,不就是她学习比我好、学历比我高嘛!他们俩时时刻刻在我耳朵边夸她,烦死我了。其实这种经历是有隐患的,我一直想得宠,在娘家没得着,就想在丈夫那里要。结婚初期,我是挺不讲理的,任性、孩子气,说发火就发火,经常跟我老公找事。所以我们肯定吵架啊,他也是初婚,也是血气方刚的,一天让着,但不可能天天让着吧!后来我们俩就老打架,结婚初的一两年,我记忆最多的就是吵架,恨不得天天吵。现在想想真没劲,两个人自由恋爱、自己想结婚,结了婚又吵架,何苦呢!

是自己没有真正成长,没有把早年的问题处理好。我认为我在自己娘家的成长经历有缺失,由于带着缺失进入婚姻,本能地就会把原来的问题带进来。所以,真正有准备的夫妻,必须做好心理准备,双方要在心理上做好进入婚姻生活的准备,可真不是两个大人随随便便就能过好日子。

妈妈说:"现在这种状态挺好的,对孩子有利。"

也不是没考虑过再婚,也有不少人给介绍过,也有交往过一段时间的，但我的原则是，不能妨碍我养育孩子。我毕竟是有孩子的，要求我完全放弃孩子不可能。我凭什么不管女儿啊，她是我生的，我必须要管她，必须把她养大成人，这是我的责任。我跟她爸已经有过失误了，导致孩子生活在离婚家庭，谁再让我抛弃我女儿，甭想，我宁可不结婚，就这么单着了。

这不也快 10 年了嘛，我跟她爸离婚后反倒不吵了。不在一起，没有什么机会产生摩擦，根本吵不起来了。后来也都明白了，能过就好好过，不能过就好说好散，没必要跟敌人似的。我们俩现在配合得挺好的，为了孩子嘛。只要是为了孩子，一切都好商量。孩子上学需要我接，我就接，需要我送，我就送。孩子愿意跟我，我没意见，上初中以后，孩子一直跟着我，她爸也挺好，该尽的责任也都做到了。

|| 解读与点评 ||

婚姻解体，亲子关系不会解体

如果夫妻确实矛盾严重，难以维系配偶关系，离婚是正确选择。夫妻离婚不可能不涉及孩子，为了减少对孩子的伤害，离婚双方设法保全亲子关系，不失为明智之举。晓薇父母的可取之处正在于此，无论是父亲还是母亲，谁都没有推卸对孩子的责任，而是积极履行自己职责，实现了对孩子的保护和关爱。

亲子关系是终身关系，不会因为父母离婚而解体，无论孩子判给谁，另一方与孩子的亲子关系也不会消除。司法实践中，法院会从孩子利益出发考虑抚养人，原则是对孩子的生长与发展相对有利。没有担当抚养人的一方也必须承担相应的义务与责任，比如，按时给付抚养费；定时探望；在孩子上学、生病、出现意外情况时分担责任；在孩子有特殊需要时追加费用等，目的是以法律的强制性维系亲子关系的存在。

法律强制只是维护亲子关系的底线，还有大量无法以法律要求规定的关系内容，需要离婚双方理性协商，积极协调。比如，陪孩子出游、带孩子参加课外学习、出席孩子的家长会、参加孩子的学校活动，等等。无法一一写进离婚协议，只能靠夫妻双方自行协调、协商并分担。

即使不在一起，也要履行父母责任

父母离婚后，孩子主要由抚养人照顾，多数时间、多数场合，孩子与抚养人共处的机会较多。非抚养人一方因为不与孩子同住，有些甚至分居两地，给双方保持紧密的亲子关系带来一定的不便。但是，明智的父母都会想方设法创造条件强化亲子联结。比如，打电话、发短信、微信互动、视频见面、定期看望等，这些都是保全亲子关系的具体方式。

晓薇爸妈每周一起带晓薇外出游玩、吃饭；晓薇上学后，爸爸负责送，妈妈负责接；晓薇回到妈妈身边后，爸爸仍然每周与她见面，仍然与母女保持频繁的互动与沟通；父母一同陪晓薇参加比赛，这些都是负责任的做法。从而使得晓薇几乎没有明显感觉父母已经离婚，更没有感觉到家庭破碎、亲情无存，而是一直享受着爸爸、妈妈给予的双重的爱，生活在和谐快乐的家庭氛围中，拥有着与正常家庭一样的完整与陪伴。因此，晓薇没有受到太多的不良影响，保持了与一般孩子一样的安全、快乐与成长。

将离婚转化为成长契机

离婚是人生挫折，有的人可能因为离婚而毁掉整个人生。但婚姻并不是人生的全部，离婚并不意味着全盘皆输。每个人都渴望婚姻圆满，家庭幸福，但如果遭遇了婚姻破碎，家庭不幸，我们也要从破碎与不幸中获得教训，总结人生，为下一段的婚姻积累经验。

晓薇的爸爸、妈妈都表现出一定的反思意识。爸爸意识到，年轻草率，没有在婚姻初期学会理智地处理问题，看到了自己感情用事、不懂珍惜、缺乏自律的轻狂与浮躁。妈妈反省到自己婚姻初期太过孩子气，由此延伸到对自己原生家庭的反思与觉察，同时还意识到婚姻不但需要年龄、生理的准备，更重要的是心理与能力的准备。

我们认为，晓薇父母之所以能在离婚后保持和谐关系、积极互动、相互支持、彼此迁就，与他们对上一段婚姻的反省是分不开的。两个人都从这段失败的婚姻中汲取了教训，获得了成长，弥补并完善自己的人格缺陷，学习并改进自己的行事方式。因此，换来了离婚后的和平相处、与人为善，为晓薇创造了一个积极、健康的成长环境。这也算是离婚带来的收获吧。

2 爸爸的前妻,还是我妈

离婚了,不必反目成仇,不必相互敌视,孩子是你们永远无法剪断的纽带。既然有这根纽带存在,就得好好经营。脾气不合,性格迥异,导致不少夫妻难以共同生活。其实没关系,可以分开,也许可以给孩子一个安宁的环境。不过,安宁环境只是基本条件,孩子需要管护,需要陪伴,需要养育,离婚夫妻也得创造条件,最大可能减少离婚对孩子的伤害。这是离婚夫妻责无旁贷的责任。

| 家庭故事 |

孩子没太把爸妈离婚当回事

志勇对父母的离婚并没有什么记忆，不仅因为父母离婚时他还小，更是因为父母之间的一个"约定"：夫妻吵架绝对不能让孩子看到，所以每当"战斗"即将打响，志勇的父母就会将他抱到老人屋里，等气儿消了再抱回来，绝不能让孩子成为他们冲突的目击者。有时候他们打着电话也会越说越急，继而隔着电话吵起来，即便是这样，也都会走出屋去，不让志勇听见。

离婚后，志勇父母也从未当着儿子的面指责、诋毁对方，他们好像达成了某种默契：让离婚这件事尽可能快地褪色，然后消失在儿子的记忆里。所以志勇对父母离婚没什么记忆，也没什么感觉，他说好像吃饭、睡觉一样自然，没太往心里去。

妈妈接手了爸爸的餐馆

离婚后，志勇爸爸将儿子托付给老人照顾，开了个小餐馆，夏天还会弄大排档。为了生意，他搬出了父母家，在离餐馆不远的地方租房子住。这样一来，和儿子沟通的方式就变成了每天晚上的打电话。做生意劳心劳力，半年后志勇爸爸突发心脏病住进了医院，要做心脏搭桥手术，急需人手照顾。年迈的父母没有办法既照顾儿子，又照顾孙子，得知这个消息，志勇妈妈主动将儿子接到了自己的住处，分担了前夫一家的压力，让曾经的公婆腾出精力照顾志勇爸爸。

志勇妈妈离婚后一直和别人搭伙儿开出租车，看着前夫的餐馆停业，她觉得可惜，与前夫一合计，自己接手继续干，把出租车让给别人，一心一意盯着餐馆。前夫好不容易弄起来的生意，总不能因为生病就放弃，辛苦是肯定的，但挣钱还不是为了儿子吗，所以志勇妈妈也没有什么怨言。

志勇爸爸深知自己住院时前妻帮了不少忙，也知道前妻对儿子热切的爱，出院后，尽管他将儿子重新接回爷爷奶奶家，但却明里暗里向志勇妈妈表示，她可以多去看看孩子。自那之后，志勇妈妈几乎每周都会去前夫家看孩子。

| 孩子心语 |

志勇说："他们从不当着我的面吵架。"

他们离婚的时候我还小，三四岁吧，我都是之后才反应过来的。因为他们没有像别人家似的，吵架啊，打架啊什么的，但也不能算和平分手。我爸妈住一个屋，我爷爷奶奶住一个屋，他们要是打架的话，就把我放爷爷那儿，有时候我就跟爷爷一起睡了。他们离婚后我妈搬走了，我就跟我爸、爷爷、奶奶一起过，我的抚养权属于我爸。这两天我爷爷奶奶去天津了，我姑奶奶在天津，他们一起玩儿去了，我就去我爸那里住。我爸为了弄那个大排档，就在饭馆边儿上租了个房子，我就去那儿。我爸会请我吃饭，就在他们大排档，聊聊天儿什么的，他不让我喝酒，说我还不到18岁。

志勇说："我妈依然会孝敬我爷爷奶奶。"

我爸生病那会儿，我妈还挺关心他的，一边照顾我，一边照看我爸的生意。那时我妈会去医院看我爸，然后她还得工作，挺累的。我爸出院后，我妈去我爷爷奶奶家的次数就多了，还会给他们钱，就是孝敬老人的钱。我妈原来困难的时候不给，现在生活好了就给我奶奶点儿钱，五六百的，让他们买件衣服什么的。我妈真的挺孝顺的，现在我上职高，我知道自己不是学习的那块料儿，就算上高中我也肯定考不上大学，还不如学技术呢，这样18岁就能出来工作了。我真的挺希望自己能赶紧挣钱的，也能帮家里分担一点儿。

志勇说："我喜欢那边的哥哥姐姐。"

我特别喜欢去我大舅家，我妈在姥姥家最小，我有大舅、二舅、大姨，他们隔周就聚一下。我昨天就刚从大舅家回来。我的年龄在那边是最小的，上面有哥哥姐姐，他们也玩手游，所以我们在一起时就能对打，而且如果升级的话我哥会带我啊，我们在一起能聊得来。他们大人聊大人的，我们玩我们的，我现在玩网游还能代练呢，暑假给自己找个挣外快的事儿做做也挺好的。

| 父母独白 |

爸爸说："我很感激我前妻！"

我前妻是个好人，是个大好人，我生病之后更承认这点了。她能干、会持家、孝敬老人、关心孩子、对我也不赖。那时候我们打架，主要是两个人脾气不好，谁都不服软，有一个服软的，这架都打不起来。我前妻除了脾气不好，其他各方面都挺好的，我那时候没有认识到这一点。

我当时病得很严重，差点儿就死了，多亏我前妻过来帮忙，要不我们家老头老太太也得撂倒一个。从生病到现在已经三四年了，当时把老头老太太急得够呛。我儿子上学，得有人管，老头老太太岁数都大了，不可能指望他们照顾我。我当时是抱着试试看的态度给我前妻打电话的，她真不错，放下电话就过来了。照顾我不说，还把儿子接了过去，不但给我们爷儿俩做饭，还负责送我儿子上下学，我非常感激我前妻，真的感激人家。

妈妈说："他不是坏人，帮他就是帮大家。"

怎么说呢，坏事倒变好事了，要不是他生病，我们俩不可能走动这么频繁，我也不可能管儿子这么多。当初毕竟是我提出的离婚，也是从他们家走的。当时老两口没说什么，但心里不可能没想法，所以这几年，我没怎么联系他们。这次他病了，身边没人，老的老，小的小，我不可能看着不管，毕竟还有我儿子呢。

在他们家那几年，老两口对我不错，做饭、洗衣服、收拾屋子，都是老两口帮我弄。后来有了孩子，也是他们看着，老两口对孩子特别好，志勇是他们家的长孙。我们两口子打架，老人从来都说他儿子，没说过我什么。老人也看得出来，当时确实是他儿子做得不对，游手好闲，甩手掌柜，什么都不管。我出一天车回来，还等着我给孩子洗澡、洗衣服。关键是他还不让说，说一句就跟我吵，我能不生气吗。

现在想想，他也不是坏人，那时候就是有依靠，全依靠我。离婚了，没靠的了，他只能自己干了，我看他事业也成了。离婚这几年，他爸妈、孩子都是他管着，我也不知道他怎么管的。又管家里，又管生意，最后累病了。开饭馆最累人了，成天在店里盯着，离不开人。

看他病得这么重，我不可能不管，睁眼看着孩子哭、老人愁，我做不出来。伸把手呗，他上有老下有小的，不能撒手不管。其实我也很累，全压在我一个人身上了。好在我哥哥姐姐们还挺帮忙的，实在忙不过来的时候，我就叫他们来。有时来不及接孩子，我姐帮我接。餐厅那边需要人，我哥帮我盯着。要不我儿子跟舅舅、大姨好呢，我们家人真心帮我不少。

爷爷奶奶说："我们最大的心愿就是帮他们管好孩子。"

志勇是我们家唯一的孙子，我们肯定会帮忙看管。孩子小时候，儿媳妇开出租特别辛苦，一天到晚在街上跑，一个女人家，这么玩命，不就是为了家吗。我们没什么本事，但帮着看看孩子还是绰绰有余的，两个人看一个孩子，全心全意在孩子身上，孩子还能坏得了。

志勇3岁之前都是我们看的，上幼儿园之后也是我们接送，上小学这些年也是爷爷接送。孩子挺听话的，从不招猫逗狗的，特别老实。上小学时，他学习比现在好，那时候我们去给他开家长会，经常被老师表扬呢。上初中以后，成绩没有原来好了。再怎么着，他爸妈离婚了，只有他爸爸一个人管，顾不了那么多。我们没什么文化，管不了他学习，生活上倒是没问题，也不会让他学坏。天天提醒："别跟坏孩子玩。""别给你爸爸惹事。""听老师的，好好听课。"还是管些用。志勇马上上高中了，去了一所职高，离家挺近的，学点技术，以后靠本事吃饭呗。

|| 解读与点评 ||

如何离婚有技巧

离婚是婚姻生活的一部分，不是所有夫妻都能从一而终，不是所有夫妻只有一次婚姻，有的婚姻确实存在问题，确实难以维系，那么结束它是很正常的。离婚事件的处理方式，既有可能反目成仇、势不两立，也有可能友好分手、彼此珍重。前者会给所有相关人留下纷扰、遗憾，甚至是仇恨；后者不但不会搅扰彼此，还有可能使离婚成为人生旅途上的一片风景、一个加油站、一段独特的记忆。

观念上采取积极视角。离婚本身是一件坏事，但如果是结束有问题、有危机的婚姻，就不是坏事，还有可能是好事。使两个人走出不合适、不匹配、不和谐的关系状态，跳出彼此伤害、相互为难的关系模式，意味着结束伤害，向有益、积极健康的方向转移。因此，对于确实无法继续的夫妻，一定要以积极、乐观的态度看待和解释离婚事件，这样有助于心态和情绪向正向发展。

方法上避免刺激、伤害。为了减少或杜绝离婚期间的相互伤害，甚至殃及无辜。需要离婚双方本着结束关系、保持情分的原则处理问题。应该将孩子利益放在首位，保护孩子、尽可能少受伤害。为了孩子的利益，彼此让步、相互妥协。比如条件好的一方抚养孩子，另一方最大限度地给予物质支持；双方应该就如何探访孩子、关爱孩子、教育孩子做好约定，具体细致，便于操作；抚养方有义务调节自己，优化心态，改善情绪，为孩子营造健康的生活环境。

离婚夫妻也可以相敬如宾

全世界有60多亿人口，一男一女能够在芸芸众生中发现彼此，产生爱情，相互牵手，步入婚姻，这是一段美好的缘分，是人生特别值得珍重的部分。即使两个人没能相守一生，没能白头偕老，但毕竟曾经相爱过，曾经相守过。俗话说，一日夫妻百日恩。即使夫妻分道扬镳，过往的婚姻也是彼此生命中难以忘却的经历，也是人生历程中不可磨灭的痕迹。

夫妻情分有可能结束，朋友情分却有可能继续。就像志勇的爸爸和妈妈，他们已经离婚多年，当一方有了困难、遇到难关的时候，另一方毫不犹豫伸出援手，集结资源，动员家人，用心出力，给予帮助，这就是友人之间的交往模式。人活在世，没有婚姻可以存活，但没有朋友很难存活，即使存活，也是低质的，不利于人的长久发展与进步。所以，为了人生的长久发展，为了家人的相互善待，为了孩子的健康成长，离婚夫妻选择以相敬如宾的关系交往和互动，既利人又利己。

扩展家人是离婚家庭的重要支持系统

志勇的爷爷和奶奶、舅舅和大姨在他父母离婚的日子里，给了他无微不至的关怀、及时无私的关爱。特别是在爸爸病重期间，为志勇做饭洗衣、接送上下学、随时接待志勇来家居住、陪他游戏，为志勇的爸爸做饭送饭、陪护照顾、提供经济援助、给予心理支持，帮志勇妈妈照顾孩子、替她管理餐厅，等等。所有这些都是核心家庭以外的扩展家人提供的，他们组成了志勇三人的社会支持网络，使得他们在危机的重压之下，不至于举目无亲、束手无策，而是积极平稳地渡过难关，再续亲情。

所以说，离婚家庭不是一无所有，不会步入绝境，重要原因在于离婚夫妻双方都有强大的家族关联与情感关系，这些血脉亲人绝不会视而不见，也不会袖手旁观，他们一定会有钱出钱、有力出力，帮助离婚夫妻、帮助离婚家庭的孩子走出困境，继续人生。更何况每个家庭还有家人以外的远朋近邻、同学同事、社会团体、政府机构，这也是家庭的社会支持网络，必要的时候，也可以发出求助，赢取支持。

3 妈妈的前夫,还是我爸

　　一些离婚夫妻,离婚前并没有不可调和的矛盾,也到不了彼此敌视,可能因为沟通不畅,交流不爽,决定离婚。离婚过程本身给了双方看清自己、反思自己的机会,借助离婚获得了成长。离婚后,气消了,误会化解了,相互原谅了。不做夫妻,还是朋友,为了孩子,父亲大度一些,母亲宽容一些。不再斤斤计较,不再患得患失,相敬如宾,彼此善待,反而为孩子营造了一个温暖、健康的环境。

| 家庭故事 |

跟爸爸逛大集

丹丹的爸爸妈妈是农民，后来为了赚更多的钱，爸爸到城里打工，妈妈在家种地，照顾女儿。没想到，爸爸一人在外打工，身心孤独，新结识的异性朋友成了他的精神支柱。两人无话不说，情投意合，越来越分不开了。于是丹丹爸爸向丹丹妈妈提出了离婚，丹丹妈妈要走了女儿的抚养权。丹丹爸爸自觉有愧，知道自己的自私自利伤害了妻子和女儿，所以很想补偿她们母女俩。在条件允许的情况下，丹丹爸爸坚持每个月给女儿600元生活费，个别月份手里实在没钱，他就少给点儿，等有钱时再补上。无论自己多苦多累，他从来没少过丹丹一分钱。因为丹丹妈妈不想再见到他，而他也不想再去打扰前妻的生活，所以每个月都会将钱直接转给丹丹。每次回农村，丹丹爸爸会把女儿叫过来住上几天，带着丹丹逛大集，吃美食，买衣服，想尽办法补偿丹丹。这样的日子过了好多年，丹丹从在村里上小学到在镇里上初中，都是如此。

爸爸一直是女儿的靠山

丹丹爸爸打工也很忙，父女见面的次数并不多。可丹丹心里清楚，自己的爸爸靠得住，他一直没有忘记自己和妈妈。

姥爷去世后，照顾姥姥的任务只能落在丹丹妈妈一人身上。姥姥腿脚不好，有时还会浮肿，有时候下床都困难，一日三餐，洗洗涮涮都是妈妈的活儿。而且春种秋收、放羊卖羊都是妈妈一个人的事。前不久妈妈开始流鼻血，止都止不住，去医院看病，医生说是营养不良加上过度劳累所致，让她好好静养，可她哪里有时间静养呢。看着妈妈日渐消瘦的脸庞，忙着自己日益繁重的课业，丹丹分身乏术，心急如焚。情急之下，她把妈妈的状况告诉了爸爸。爸爸得知后十分着急，给丹丹妈妈重新找了医生，还给她买了不少营养品。又让自己同村的堂弟帮忙照看丹丹妈妈地里的作物，帮着施肥、除草、收割。他还托人找了一家餐厅，老板愿意以不错的价钱收购丹丹家的羊，如果品质好就能长期合作。两个月后，妈妈的身体逐渐好转，终于让丹丹一颗悬着的心放了下来。

尽管父母已经离婚多年，尽管爸爸已经再婚并有了儿子，尽管妈妈仍然不愿意见爸爸，不愿意与他有联系，可丹丹知道，爸爸心里始终有一个专属于她的位置，当她痛苦了、遇到困难走投无路了，爸爸会在第一时间站出来，替她遮风挡雨，与她携手渡过难关。

| 孩子心语 |

丹丹说："他是我和妈妈的经济支柱。"

我爸每个月都会给我钱，从小学到现在一直都给。原来是600元，现在给1000元，他说我需要用钱的地方会越来越多。之前我妈不见他，他就每个月带着我赶一次大集，送我回来的时候把钱给我。后来我上高中了，来了市里，离他近了，他就每个月把钱给我送到学校来，让我带回去给我妈。爸爸给的钱我妈总是帮我攒着，怕我瞎花，我现在住校，她会多给我点儿零花钱，说什么"穷家富路"，出门在外身上还是要有些钱的……学校里要是让交什么费用，基本上也是我爸出，我给他打电话，他就会把钱送来，他要是来不了，就让那个阿姨把钱送来。

丹丹说："我爸对我妈挺不错的。"

我爸妈虽然离婚了，但我觉得他们离婚跟别人不一样，他们谁都不恨谁。当时我爸和我妈离婚，绝对不是讨厌我妈，或是跟我妈有什么矛盾，就是觉得两个人之间没话说，可能是老不在一起的原因吧。我妈一开始不理解，也会觉得是因为我爸变心了，但时间一长，我妈好像慢慢理解了，两个人生活不一样了，倒也不是谁高贵、谁低级，就是不同了。所以，我妈有时跟我说："当时要是不让你爸出去吧，家里日子不好过，让你爸出去了，我们俩之间不好过了。这事也怨不了谁。"看着我妈越来越想开了，我挺高兴的，毕竟她不再跟我爸较劲了。其实也跟我爸的努力有关，这几年，我姥姥家就没断过事。我姥爷姥姥生病、我大舅找事，之后又是我妈病倒了，每次犯难的时候，我都找我爸，我爸都管了。找医院、给钱、买药、找村里人帮忙给我大舅说好话，我爸为了我和我妈，都跟我大舅说软话了。

丹丹说："我妈挺苦的，以后只有我孝顺她了。"

之前有一阵儿，我妈身体不好，一走路就喘不上来气儿，还老流鼻血。这次在我爸的帮助下去医院查了，现在身体恢复得已经挺不错的了，平时要是感冒、发烧什么的，她从来不去医院，自己硬扛着，主要还是怕花钱。医生说我妈一直贫血，还低血压，再加上太累了，让她多补充营养、多休息。可哪有时间休息啊，我姥姥地里的活儿都得她干呢，她要是不干，就得我姥姥干，我姥姥干不了啊。我有时候想帮忙，可只能周末干。我妈也不同意我干，让我先写作业，好好学习，其他的什么都不用管。其实我爸给我的那些钱她都存着呢，家里有钱，我说让她吃点儿好的，她也舍不得。我妈平时就是特节俭的一人，在我家，我妈早上都是不吃饭的，从小到大她都是这样的，中午吃米饭，晚上喝粥吃馒头，有时还会有别的菜，等我回家后，她会给我做早饭，因为她知道我习惯吃早饭了。反正她就是老照顾别人，苦着自己，我就想着以后学医，既能挣钱还能照顾她。

| 父母独白 |

爸爸说："不在一起过了，也是亲人啊！"

我跟丹丹妈妈离婚，没有什么矛盾，就是因为两个人生活环境不一样了。那些年我出来打工，在家时间很少，一个人挺寂寞的，总得找个人说说话，后来就认识我现在的媳妇了。我当时也很矛盾，老家的媳妇挺不错，养孩子、照顾老人，还得种地，都是她管，我要是不要她了，多对不起她啊！可是我又不可能不出来，一大家子，光靠种地根本养不活。时间一长，跟我原来的媳妇就没话了。每年就回一次家，本想着亲热亲热的，根本亲热不起来。是我提出离婚的，那时候已经有我闺女了，我觉得挺对不起她们娘儿俩的。

后来对孩子好，对我前妻好，连我前妻她娘家的事我都管，主要是自己心里有愧疚。现在想想，也不全是愧疚。我跟我前妻离婚了，毕竟有我闺女啊，有我闺女在，我俩就不可能断了联系。总得联系孩子吧，总得管孩子吧。刚开始，我前妻还不让我管，怕黏着我，她也是个要强的女人。后来一看，很多事还真得找我帮忙。她不找我，我闺女找我，闺女看着她妈一个人太难了。我不可能不管，我不管她妈，就等于不管她，这样对孩子不好。其实，哪怕我跟她妈不在一起过了，只要有孩子在，大家就是亲人。孩子身上流的不是我们俩的血嘛。

爸爸说："我虽然也不容易，比起她们娘儿俩，还是好一些。"

我也不容易，出来好些年了，也没干出太大名堂，不过，比起她们娘儿俩还是强一些。我毕竟是个男人，又生活在城里，总归好一些。我早些年在农村，没读过什么书，只能干些体力活。她当时没出来，主要是孩子小，老人离不开，家里还有地，得有人管。我能出来，与她的支持分不开。我们那个地方，几乎每家男人都出来了，不出来不行，养家糊口需要挣钱。我出来得不算早，有比我早好几年的，反正都是卖力气，赶上机会的能攒下一些钱。我现在的媳妇比我强，她挣钱比我多，我每月给闺女一些钱，她没太反对。帮我前妻的忙，那也是没办法，她家确实困难，老头老太太都生病，大舅子也没有经济能力，所以，我闺女跟我说时，我不能眼睁睁地看着不管啊！

妈妈说："开始恨他，后来不恨他了。"

一开始肯定恨他啊，出来没几年，就跟我提出离婚。我在家替他养活孩子，照顾老人，看着地里的庄稼，他说喜欢上别的女人了，我气啊！别提多生气了。所以，离婚的头几年，我都不愿意提他。闺女跟我说想她爸，我就骂我闺女，骂她没骨气。后来这些年，他一直出钱养活孩子，我不要，他就给孩子，反正每个月都给，从来没断过。他跟我离婚10年了，一直还管着我们娘儿俩，我娘家的事他也帮忙，我爸看病、我看病，特别是我哥跟我打架，他一直帮着处理。按说都离婚这么多年了，他不管我们，我也没什么可说的，我娘家的事，他不管很正常，可他还是管了，主要是我闺女起的作用，她跟她爸挺亲的，一直没断了联系，一年到头去他爸那边好多次，什么事也瞒不住他。他知道了，就管了。

|| 解读与点评 ||

孩子是离婚父母的润滑剂

有了孩子的夫妻离婚，孩子往往会成为一大负担。一方面，不少夫妻考虑到有孩子，出于保护孩子，尽量选择不离婚。但也有夫妻确实已经走到没有爱的地步，再维持名存实亡的夫妻关系，对每个当事人都会构成伤害。我们并不赞同因为孩子维持名存实亡的婚姻，因为表面的恩爱不可能延续，即便是善意的谎言，毕竟是谎言，一定会被孩子觉察到反而伤害更大。也就是说，如果夫妻感情确实决绝了，即使有孩子，理智离婚不失为一个积极的选择。在此情况下要尽量发挥、挖掘孩子在其中的积极影响力，使孩子成为一个良性因素，帮助离婚夫妻善待彼此，保护孩子。

丹丹对于父母离婚后缓和关系，促进双方关系向积极、健康方向发展就发挥了润滑剂的作用。女儿思念父亲，对生身父亲怀有割不断的亲情是天经地义的，即使爸爸妈妈分开了，丹丹始终希望看到父亲、希望从父亲那里得到帮助，也是极其正常的。对于女儿来说，爸爸就是天，是心中最可靠的依靠，是心理安全的源头。遇到困难，人生不顺，女儿会自然地向父亲发出求助，会本能地对父亲产生依恋。因此，丹丹自愿与父亲保持来往，即使母亲阻拦，也无法阻隔父女情。这样丹丹就在离婚的爸爸妈妈之间架设了一条剪不断的链条，女儿相当于爸妈之间的润滑剂，使亲情关系有机会、有理由、有条件得以维护和延续。

离婚父母有责任修复自己

相当多的离婚案例中，女方因为丈夫出轨而长期耿耿于怀、难以释怀，不但自己长时间生活在抱怨、气愤、怨恨之中，甚至强迫子女拒绝父亲、回避父亲，以此作为潜伏的惩罚或报复。殊不知，这样的处理方式，深受其害的是孩子。因为孩子并不愿意裹进父母的恩怨中，特别是年龄尚小的孩子，他对父母之间的恩怨情仇并不理解。但他需要母爱，也需要父爱，需要妈妈的呵护，也需要爸爸的严厉，缺失任何一方都不利于孩子的均衡成长。

因此，离婚夫妻，无论是哪一方有错在先，无论哪一方责任更大，另一方务必具有积极调整自己的义务与责任。不要长时间沉湎于负面情绪中，即使自己有委屈、有伤心，也要尽快调整自己。通过家人、朋友的帮助，尽快走出婚姻阴影。通过自己的思考、觉察尽快释放自己、解放自己。通过专业人士的引领与推动，尽快使自己恢复本原、回归自我。只有这样，才不会将孩子困在阴影之中，不会使孩子成为替罪羊，不会让孩子夹在中间左右为难。务必明白，离婚是两个成人之间的事情，不要把孩子牵扯其中。

不能相爱，可以相亲

婚姻使两个相爱的人走到一起，两个相爱的人选择婚姻的形式彼此相守，当爱意全无、无缘相爱的时候，婚姻解体是必要的。不能相爱，可以相亲，特别是对有孩子的离婚夫妻而言更应做到如此。孩子成为重要结点，将丈夫、妻子，包括两个大家族紧紧连在一起。母子亲情、父子亲情共同组成孩子成长的血脉与根系，根系发达、纵横连接、交叉往来的家族网络，等于为孩子构建了丰富的社会网络，有利于孩子接触和体验多样化的人际互动，参与丰富的人际交往，处理真实的社会关系，是其社会化的重要内容与场合。基于此，当父母因为不相爱而选择离婚的时候，需要努力维护家族亲情，维护孩子与祖父母、外祖父母两大家族之间的联结，保全孩子原本具有的亲情关系。这是一种代价最低、成本最小的离婚处理方式。

第五章

亲人陪我走人生

1 没妈的日子照样过

多数离婚家庭，孩子或者跟妈妈，或者跟爸爸，也算不幸之中的万幸。但也有离婚家庭，其中一方或是离家出走，或是不辞而别，或是杳无音信，或是留下的一方力量有限、力不从心，外出打工，重组家庭等原因。孩子的抚养被其他家庭成员、至爱亲朋接管。这样的孩子怎么样呢？能否走出一条健康的成长道路呢？

| 家庭故事 |

被妈妈抛弃，因爸爸留守

2岁的天瑜被妈妈抛弃后，一直待在爷爷奶奶身边。天瑜爸爸想尽快忘掉这段不幸的婚姻，可又始终做不到。一回到老家，一旦看到天瑜，他就会想起自己曾经的妻子。所以他不愿意回老家，不愿意看到天瑜，不愿意再去触碰任何一个可能勾起他痛苦回忆的引爆点。他在外地打工，只在每年春节回家住几天，看看父母和女儿，然后趁着返城高峰来临前就回到工作地。小小的天瑜就这样成了一名留守儿童。

天瑜在小时候曾问过奶奶，爸爸哪儿去了？奶奶说："爸爸在外打工给你攒钱呢，春节你就能看到他了。"天瑜又问："妈妈哪儿去了？"奶奶想了半天："你妈妈回老家了，估计一时半会儿不会再回来了。"从奶奶的唉声叹气中，从家人偶尔提及妈妈的只言片语中，天瑜似乎知道：妈妈不要自己了。

大伯抚养侄女长大

天瑜爸爸是家里的二儿子，上面还有一个哥哥，也就是天瑜的大伯。天瑜出生时，爷爷奶奶都已经上了岁数，照顾天瑜的重任基本落在了大伯身上。天瑜一天天长大，上幼儿园，读小学，升初中，大伯一直负责教育她。大伯是个老实本分的热心肠，因为工伤导致双目失明，后来为了生计，他学习盲人按摩，手艺不错，在当地开了家按摩小店，虽然挣得不多，但也够吃饭的。

因为眼疾，大伯这辈子没娶过媳妇儿，他将天瑜视如己出，教她背儿歌、背唐诗，还教她数数。天瑜上小学后，大伯就接送她上下学，天瑜写作业，大伯就坐在她身边。如果天瑜生病了，大伯会给天瑜推拿、按摩，会给她变着花样地做好吃的。上初中后，天瑜总想着玩儿，放学后会在路上和同学打打闹闹，或是在夏天去小河沟蹚水，又或者是回到家也不好好写作业。每每遇到这些情况，大伯就很生气，会追着揍她。天瑜怕大伯看不见摔倒，也不敢在院子里跑，就让大伯打她，即使再疼，她也不敢哭。大伯气消了，又会觉得对不起天瑜，就会过来问问天瑜身上有没有伤，哪里还疼，是不是要上点儿药。

在天瑜心中，大伯不仅照顾她饮食起居，更是给她指引方向，教育她做人。大伯教她做人要真诚实在，要本分勤劳，要好好学习，将来靠才能改变家里贫穷的面貌。交朋友要将心比心，要大度。她说尽管自己有亲爸，但大伯比亲爸还要亲。

| 孩子心语 |

天瑜说："我不恨她，她毕竟是我妈。"

我 2 岁时我妈就走了，我对我妈没什么记忆。自打我记事儿起，我就没体会过和爸妈一起生活是什么感受，我们家常年都是爷爷、奶奶、大伯，还有我。有时候看到别人一家三口，也不会有什么特别的感觉，可能会觉得一家三口也会有他们自己的幸福吧，不过我从来没体会过那种感觉。

我爸爸一直在市里打工，一年就回家一次，我们很少团聚。长大一些后，我也会想我妈。7 岁以后我就不和爷爷奶奶睡了，有自己的一个小屋子，我就把自己关在里面，幻想我妈的样子，是高是矮啊？头发是长还是短？长得漂亮吗？有一阵儿，每当我看着别的孩子有妈妈陪的时候我就特别特别想她。有时候也埋怨她，我就一直想为什么她生下我之后那么早离开我？为什么就那么狠心呢？可是我不恨她，她毕竟是我亲妈。

我家有一张她的照片，是她和我爸的结婚照，我收拾东西时发现的。第一眼看见她的时候居然没有特别激动，原来模糊的印象都是自己假设的，但是现在就知道她长什么样了，我觉得我妈比我漂亮多了，我长得更像爸爸。

天瑜说："大伯比我亲爸还亲。"

我就想着好好学习，想着孝顺爷爷、奶奶、爸爸，还有大伯。我大伯人特好，其实我大伯才是我亲爸，甚至比亲爸还亲。我小时候都是他管我学习的，我一不好好学习，他就打我，觉得我不上进，其实我小学学习成绩挺好的，就是初中不怎么好好学习了，老想玩儿。大伯是个热心肠，很乐于助人，年轻的时候口碑可好了。他上班挺早的，有一天是他工友有事，他替工友去上班，崩山的时候出事故了，把大伯崩到了山下，伤到了眼睛，就失明了，那时大伯才18岁。他比我爸爸大10岁，一直是一个人，跟着我们过，没娶过媳妇儿。他虽然没见过我的样子，但是真的是把我当亲生女儿养。他有手艺，学了盲人按摩，现在在市里的一家按摩店里上班。

| 父母独白 |

爸爸说："闺女对她大伯好，我看着高兴。"

我没本事啊！娶了个媳妇又让她跑了，谁知道为什么啊！我们俩在一块儿时间不长，我和她本来就是打工时认识的，头一年一起干活,她生了孩子就不能在工地上了。一方面不方便养孩子,另一方面人家老板也不同意她一边养孩子一边工作。回我老家吧,有我妈我爸,几个人一起管着孩子,她也能帮我照顾着家里人。本来想得挺好,谁想到她一个招呼都不打就走了。孩子也不要了,钱都带走了,有人说她是骗子,我不相信也不成啊,事实就是这样的。

我对我闺女说,我是个没本事的父亲,没让她有一个好好养她的妈。她妈走时,孩子还不到2岁,可怜啊!多亏了我爸、我妈,尤其是我哥。这孩子基本就是我哥给带大的,他本人是残疾,眼睛看不见,还帮我把我闺女带大了,我这一辈子都得感谢他。现在我闺女对他比对我好,每周末去看他,来我这儿都没这么勤。我不忌妒,这是应该的。这些年,我基本没在家,都是她大伯管的,她对她大伯好,我看着高兴。

大伯说:"侄女就是我闺女。"

我是因公致残的,眼睛都瞎了,从那以后就没想过找媳妇、生孩子。刚刚看不见那几年,我都不想活了。怎么活啊,什么都干不了,一个大男人,没办法出去工作,吃老家儿的、喝老家儿的,我心里憋屈啊!痛苦过不少年呢。我弟媳妇不辞而别,我也生气啊！谁也没想到啊，日子过得好好的，孩子都有了，她说走就走了，一点儿征兆都没有。要不我兄弟憋屈呢，换成我，我也会憋屈。

现在想想坏事倒变成好事了，我没法工作，只能依靠我兄弟出去打工赚钱，要不一家老小没办法过啊！天瑜她妈一走，孩子撂下了，光靠老头、老太太弄不了。我妈可以给我们做饭，我爸经常还得出去找点活儿干，光靠我兄弟一个人，养着四五口人，哪够呢？我妈弄不过来的时候，我帮着看孩子，一来二去，这孩子跟我最亲，吃饭让我喂，睡觉让我哄。上小学以后，我管得就更多了，听她背课文、检查作业、完成老师布置的其他事情。

从我这边说，我倒是挺感谢这个孩子的。为了她，我倒有事干了，自己也不是一个废物了。一个瞎子，能够帮着看大一个孩子，也是一个贡献。我跟我兄弟就这一个后代，我又管了她这么多年，她也是我的闺女。

大伯说："疼她、爱她，都是让她学好。"

我没读过太多书，仅仅初中毕业。管她、教育她，没有那么多道理，反正就一条：让她学好。家里人文化水平都不高，教不了她太多东西。一个女孩子，我们只是希望她平平安安、顺顺利利的。

我兄弟也不容易，一大家子人，只靠他一个人在外面打工，有时候打两份工，累啊！可是没别的办法，我这个状况，又帮不上什么忙。他媳妇走后，我们也劝过他，再找一个，他不干，可能是受刺激了，不敢再找了。所以，我们家就我侄女这一个后代了，就为这一点，我也得好好养育她。

我也打过她，上初中以后，她太贪玩，放学不赶紧回家，在外面疯跑，肯定得管啊，万一跟坏孩子混在一起，再管就来不及了。我打她也是为她好，她知道。所以即使我打她，她也不记仇。现在，她已经上技校学护理了，两年以后出来当个护士，挺合适的。

|| 解读与点评 ||

替代父母强过不称职的父母

相比较而言，天瑜的母亲是一个不称职的母亲。无论她有怎样的难言之隐，无论她对家乡的孩子如何思念，都没有理由撇下天瑜，不辞而别，给天瑜留下无法解答的困惑，给丈夫留下难以弥合的创伤。妻子的不辞而别给了天瑜爸爸致命的打击，让他莫名其妙、疑心重重、深感自责。至此采取回避的态度与行为，不愿回家，不愿见女儿，不愿再一次触碰婚姻。在女儿的成长中，爸爸的作用也不明显。尽管天瑜有爸爸，但这个爸爸常年在外，不与女儿见面，很少承担对女儿的教育和培养，基本是一个名存实亡的父亲。当然这与婚姻不幸、妻子背信弃义不无关系。

好在天瑜有一个恩重如山的大伯，他因为眼有残疾，在家时间最多，无意中担当了天瑜的抚养人。生活上照顾、学业上要求、思想上教育、精神上陪伴，大伯扮演了父亲角色，甚至是母亲角色。用守候奠定了天瑜的安全感，用管教塑造了天瑜的边界感，用疼爱培养了天瑜的联结感，用坚韧影响了天瑜的方向感。安全感是成长的基础，边界感是成长的范围，联结感是成长的资源，方向感是成长的路径。四个方面的完整与协调是塑造健康人格的关键，而这四方面都因为大伯的存在使天瑜没有缺失。

亲人的爱与接纳避免天瑜埋下怨恨

特别为天瑜感到庆幸的是，在她的心里没有埋下对母亲的怨恨，反而是理解与宽容。谈到母亲的不辞而别，她说："我不恨她，她毕竟是我妈。"这一点难能可贵。不是所有的父母都名副其实，甚至徒有其名，但我们并不希望他们的不作为、不称职、不美好在孩子心目中埋下仇恨的种子。因为留下恨是极其容易的，还有可能传递、传染或是泛化。如果一个人心中充满仇恨，他不可能与这个世界和平相处，也不可能向周围的人传递爱与关怀，播撒和留下的往往是负面和有害的东西，对后代、对他人、对社会都是危险的。

天瑜的身上，健康多于危机、积极多于消极、宽容多于记恨、理解多于抱怨，这与爷爷奶奶，尤其是大伯的照顾和关爱不无关系。妈妈走后，天瑜一直得到爷爷奶奶的养育，大伯的管教。这个家虽然没有豪车、别墅，没有华衫美服，没有腰缠万贯，但它有袅袅炊烟，有房前屋后的猫狗鸡鸭，有奶奶捧出的热汤面，有爷爷的烤玉米，有大伯的呵斥与关爱。所有这一切，都给了天瑜成长最为重要的爱与接纳，因为有爱，天瑜没有萌生仇恨；因为有接纳，天瑜拥有了放松、自然、安全的心理状态。

父亲有可能处理得更好

天瑜爸爸是不幸的，遭遇了妻子的背信弃义，枉费了自己的一番苦心，导致自己妻离子散。他长时间沉陷在自责、悔恨、内疚当中，以逃避的方式进行处理，其实这些并不是积极的处理方式。他远离家人，回避女儿，拒绝爱情，隔绝婚姻，他以为这样可以忘记过去，这样可以避免旧事重提，这样可以不用面对家人，但被禁闭的情绪不会自动消失，只能转化为消极、回避、躲闪等方式，并不是建设性行为，所以也就不可能产生积极效果。

如果天瑜爸爸能够在妻子不辞而别之后，主动找朋友倾诉，积极与家人商量解决办法，通过调整认知，消除对妻子的怨恨和对自己的悔恨，重新认识这段婚姻的不幸与万幸，全面考虑这段婚姻的得与失，就有利于他放平心态，走出不良情绪，敢于面对家人，肯于面对新感情。那么，他所扮演的父亲角色可能会更积极、更阳光、更坚强，留给女儿的信念品质、精神力量可能会更多，更丰富。

2 亲人为我遮风挡雨

父母离婚了，但是他们若没有从上一段婚姻里走出来，要么怀恨在心，无法释怀；要么纠缠不清，不肯放手；要么自暴自弃，一蹶不振。任何一种情况，对孩子都是危险的，都会影响孩子的成长。如果有其他家庭成员担当起对孩子的照顾和养育的责任，一方面解决孩子的生活与生存，更重要的是，为孩子搭建一个健康、有益的家庭环境。另一方面使孩子有了忧虑有人倾听，有了困惑有人指导，有了困难有人解决，有了喜悦有人分享。孩子成长绝不仅仅是吃饱穿暖就可以的，需要心理陪伴和精神养分，除了关注孩子的生物性需求，必须重视孩子的社会化培养。

| 家庭故事 |

亲人助力照顾,"无父无母"也能健康长大

爸爸外遇再婚,妈妈含恨离开,优优与爷爷奶奶在一起生活。刚开始爷爷还没退休,奶奶照顾优优的饮食起居,一日三餐、接送上学、头疼脑热,都是奶奶一个人忙前忙后。后来,爷爷小脑萎缩卧床不起,奶奶一边照顾年幼的孙子,一边伺候卧床的爷爷,十分辛苦。两年前,爷爷去世了,这对上小学的优优造成了巨大打击。他始终记得,爷爷带他到村委会看大喇叭,夏天到小河沟摸鱼,打着手电找知了,每天晚饭后爷爷会给他讲村里的故事。他爱爷爷,爱得很深切,可是现在,世界上最爱自己的那个人走了。他开始了与奶奶两个人相依为命的日子。

奶奶上了年纪,腿脚越来越慢,优优不再让奶奶送自己上下学。奶奶依旧坚持每天早起给他做早点,冲牛奶、煮鸡蛋,简单却营养丰盛。优优的姑姑、姑父十分疼爱这个可怜的孩子,每星期都会回来看望他和母亲,给祖孙俩买些吃的、添件衣服、帮忙做做家务。优优特别喜欢跟姑姑、姑父聊天,听他们讲社会上的新鲜事儿。姑姑、姑父经常鼓励优优好好学习,走出自己这一方小天地。逢年过节,优优的姑父还会带他去庙会或是游乐场,就像对待自己的孩子一样。

表姐树立精神榜样,成为黑暗中的明灯

优优还有一个表姐,比他大10岁,五年级时得了严重的类风湿病,早早就不能上学了。但她学习成绩极好,喜欢文学,现在在家里,靠写作赚稿费自食其力。优优很敬佩姐姐,平时无论是学习还是生活,遇到任何想不通的事都会和表姐说,听听表姐的看法和意见。他觉得表姐像灯塔一样,能给他指明方向;像加油站一样,能给他注满动力。每次和表姐聊完,优优都感觉信心满满,干劲十足。优优身边虽然没有父母,但他并不孤单,在奶奶、姑姑、姑父、表姐等许多亲人的爱护和照顾下,优优在充满爱的环境下成长着。

今年优优13岁,在市里一所重点学校读初三。优优只上过幼儿园小班,跳过中班、大班直接上的一年级。优优年龄小,长得也很瘦弱,但学习起来一点儿不费劲儿,成绩一直名列前茅,后来凭借自己的努力考进了初中实验班。现在临近中考了,他依然稳稳地、按部就班地学习,对未来,他充满希望。

| 孩子心语 |

优优说:"我心疼奶奶。"

奶奶会给我做早点的,她做得比较简单,比如煮个鸡蛋啊什么的就行了，粥一般都在外面买点喝，奶奶为了给我做早点会起得比较早，所以等我去上学后，她会再接着睡会儿。我上小学那会儿，奶奶的身体还可以的时候，她会送我去上学，回来后就特别忙，因为爷爷卧床不起，她还得照顾我爷爷呢。然后用不了一两个小时，她就得做中午饭，等中午饭吃完了没多久就得做晚饭了，因为她腿脚不好，所以走得慢，干活儿也慢。奶奶真的挺不容易的，家里老的老小的小，都指着她。后来我就不让她接送我上下学了，自己能做的事情就争取自己做。

优优说："学习上，姑姑、姑父、表姐管得多。"

我学习好，可能跟我姑姑、姑父有关系吧，表姐也帮我不少。姑姑、姑父都挺成功的，反正比我爸成功，他们都在政府部门里工作。我特别敬佩我姑父，他什么都知道，知识面可广了。有一次，我们老师让我们组成小组搞知识竞赛，姑父帮我们组出了好多题，其他组都答不上来，后来我们组就获胜了，得了冠军，大家乐坏了。我姑父不光是知识面广，说话我也爱听，不瞎说，讲的道理让我服气。不像我爸，没理还得搅三分，没劲，我都不愿意跟他争。

我表姐也挺棒的，虽然高中就不上了，但她的学习方法超牛。语文如何读懂课文，数学如何分析条件、英语阅读有哪些技巧，都是她告诉我的，特别管用。她喜欢写作，前几年，我对她写的东西不太懂，这两年能看懂了，读了以后让人有想法。我的作文不错，就跟读她的文章有关。真的，现在老师布置作文，我就在脑子里回想我表姐的文章，好多都能用上。特别神！

父母独白

爸爸说："我知道我走错了一步，可也无法挽回了。"

不想再提了，我知道我走错了一步。当初并没有想跟我老婆离婚，其实两个人一起说清楚，我自己好好道个歉，她也就接受了。没想到她那么坚决，一听说我跟别的女人有事，当时就炸了，说什么都不行了，又吵又闹，弄得满城风雨。我们俩从小就是同学，相互认识的人都是同一拨的，她这么一闹，哪还瞒得住，都知道了。我毕竟是个男人啊！也得要脸啊，她那么闹，日子确实没法过了。

当初肯定是我不对，没太当真，以为就是随便玩玩，不过她是真当回事。我也能理解，我俩从小就投脾气。应该说，她没有对不起我的地方，是我伤害了她。这么多年了，她都不跟我来往，我知道，她始终伤着心呢。她从来都不搭理我，由此也牵扯到了孩子，她恨我呗，孩子在我这儿，看孩子就绕不开我，就是因为跟我赌气，她连孩子也不搭理。没办法，都是我惹的祸。

爸爸说："在教育我儿子方面，我得感谢我妹和我妹夫。"

好在我们家还有我妹妹，她对娘家人很好，对我儿子也好。每个周末都回来，我妈这只要有事，她连我妹夫随叫随到，所以我儿子跟他们接触比跟我接触还多。他们大学毕业，学历比我高。我看得出来，我儿子喜欢他们，不喜欢我，我也是顺水推舟了。想想也不对，我对我儿子管得实在太少了，可能都没有我妹夫多。

但我更愿意我儿子多跟他们接触，因为这样比跟我学的东西多啊！跟我能学到什么啊，我那帮狐朋狗友，还不把孩子带坏了？所以，现在是我躲着我儿子，外人看来，可能是我不尽责、不称职，他们不知道我心里的"小九九"，儿子跟我妹我妹夫学得着好啊。当然我不推卸责任，我每月都给我妈不少钱。我敢拍着良心说，我虽然出不了什么力，但我确实多出了点钱。

妈妈说："我儿子还挺幸运的。"

打心眼儿里，我从来没有打算放弃我儿子，我必须得尽责，他是我儿子啊。不过，我确实调整得不好。我跟我前夫这么多年，他那么对我，我想不通，真是想不通。现在提到他，我就烦，他太伤我了。我就是不想见他,不去他们家,不去见我儿子,都是为了晾着他,让他好好想想,让他一辈子不得安宁,让他一辈子欠着我。

很多人劝我,我自己也劝自己,何苦呢?不就一个男人嘛,犯不上这么动感情。别人不是当事人,无法理解我的心情。心里难受时,我跟自己说:"不去想,不去想",可是,禁不住地就会想,因为我们俩相处的日子太长了。

我会好好调整自己,我知道为了儿子,我也得好好调整自己,我会努力的。现在还算放心,孩子姑姑、姑父帮我们做了很多,因为他们的帮助,孩子目前发展不错,所以说我儿子还挺幸运的,有这么优秀的姑姑和姑父。我和他爸爸都算不称职的父母,想起这一点,我也很内疚。

|| 解读与点评 ||

务必充分挖掘大家庭的资源

优优的父母都是不称职的。母亲一直沉陷在上一段婚姻的阴影中,出于对前夫的怨恨、谴责与愤怒,始终生活在负面情绪里,既没有调整情绪，也没能改变认知，一味地咀嚼着失败婚姻的苦果，难以自拔，没有成长。所以，她还没有心理能力顾及优优。

父亲虽然开始了一份新生活，但并没有减轻对前妻的愧疚、惋惜与自责，意识到对上一段婚姻的解体负有责任，也没有采取行动予以疏通，给予解决。他对前妻的强烈反应与负面情绪采取的只是回避、拖延、自我麻痹。这种表现意味着这位父亲也没有真正成长，也没有能力承担养育优优的职责。

万幸的是，这个家族的资源还比较丰富，物质供养、生活起居、日常照顾有爷爷奶奶承担，心理陪伴、精神引领、学业辅导有姑姑、姑父承担，因病在家的表姐，也以自己自强不息、身残志坚的形象对优优产生影响，形成感染。这些来自大家庭的支持与帮助恰好弥补了优优父母的缺损，即便他的父母不作为、不称职，其他家人的作为与影响，直接补偿了父母角色缺失而导致的残损。因此，离婚家庭，务必要挖掘和发挥其他家人的作用，最大限度补救父母缺位对孩子造成的不良影响。

爸爸现在开始努力还来得及

一方面看，优优爸爸有一些自知之明。他知道自己文化欠缺、知识有限、良友不多、习惯不良,生怕自己对儿子产生不利影响,更担心儿子跟自己在一起有学坏的可能。所以,他心甘情愿地接受儿子喜欢姑姑,敬佩姑父,接受儿子疏远自己、不喜欢自己的现实。但这并不可以成为父亲不作为、不称职的理由与托词。无论如何,照顾、教育、引领、影响孩子是父母的天职,父母需要克服一切困难予以落实并积极完成。即便有其他家庭成员发挥了替代与补救作用,也只是减少或降低对孩子的不利影响,要想真正根除对孩子的伤害或创伤,父母必须站出来,必须承担责任。

另一方面,优优爸爸现在努力还来得及。一则优优还是个初中生,社会化刚刚开始,正是可塑性最关键的阶段,亲人的影响和作用极其强大。二则优优爸爸并未远离孩子,住得也很近,有便利条件陪伴孩子、影响孩子。至于优优爸爸担心自己没什么资源,有的都是不良资源,需要他自己转换观念。只要优优爸爸深刻思考自己的人生经历与得失利弊,将自己生命中的积极、阳光部分强化、彰显,就可以引导孩子正向生长,激活自己生命中的积极因子。

妈妈有义务让自己成长

优优现有的成长经历中,妈妈的元素极为稀少,根源于离婚后妈妈几乎断绝了与孩子的联系，原因是妈妈无法忘怀前夫对自己的不忠与伤害，停留在过往的创伤里，没有处理、没有振作、没有成长。这对儿子是不公平的，因为妈妈在报复前夫的同时也在伤害孩子，放弃孩子。

其实，随着生活的延续，孩子一天天长大，妈妈对孩子的内疚会与日俱增。等到孩子完全长大，充分独立的时候，妈妈的内疚会进一步加强，因为到那时，妈妈连补救的机会都没有了，那时孩子根本不需要你了。

为了减少遗憾，为了抓住还可能影响孩子的时日，妈妈必须尽快使自己走出阴影。以积极健康的形象进入孩子的生活，恢复与孩子的联系，使妈妈的角色成为一个更加富有意义和影响力的因素，为孩子进一步的成长助力。

3 爷爷奶奶给了我精神力量

按理说，祖父母、外祖父母不应该是孩子的第一养育人、监护人和陪伴者，孩子的父母具有不可推卸的责任与义务。不过，现实总比道理复杂。不少父母，即使生理已经成熟，经济也不匮乏，但他们因为缺少必要的心理成熟、人格稳定、身心和谐，不具备好父母的资格与条件。不少祖父母实际是替代自己的儿女承担抚养、教育孙子辈的责任，带有补偿性质。祖辈以补偿性角色承担孙子辈的孩子的教育、教养，是对生身父母角色缺位、功能缺失的补救与完善，如果祖父母、外祖父母能够以积极的、健康的、建设性的方式和方法引领孩子，至少比不称职父母的影响要好。

| 家庭故事 |

爷爷的书籍是宝藏

弘文3岁时,父母因性格不合离婚了,母亲由于没有地方住,离婚后仍旧带着弘文住在公婆家,弘文爸爸主动搬了出去,两年后再婚。弘文妈妈与公婆关系挺好,直到弘文6岁,她再嫁,才离开了这个家。之后弘文很少再见到妈妈,被爷爷奶奶抚养着,从小学到初中,从初中到高中。弘文是学校的学生会主席,负责两个学生社团,学习好、有人气,是同学、老师心目中的能人。

爷爷奶奶都是文化人,早年在部队工作。爷爷是部队中的文化教员,后来转业到地方上做了语文老师,奶奶是部队的医生,转业到一家地方三甲医院当外科主任。平日里,奶奶负责洗衣、做饭,爷爷喜欢看书或是写写书法,不求有多高的造诣,只为怡情。弘文从小受爷爷奶奶的文化熏陶,也喜欢读书思考,爷爷的大书架上有很多国内外经典之作:《易经》《孙子兵法》《弗洛伊德自传》《规训与惩罚》……他都喜欢拿下来,模仿着爷爷的样子认真看。看不懂的地方问爷爷,爷爷会用平实的语言给他讲讲,又或者是哈哈一笑,告诉他先记着这些话,以后有了经历自然会明白。潜移默化中,爷爷大书架上的所有书他都看过,他最喜欢《易经》，因为那是他最重要的思想根基，影响着他做事的形式和准则。《弗洛伊德自传》给了他一种自我剖析的精神方式，让他对自己有了深刻了解。在他心中，爷爷的大书架有着不可抵挡的魅力，尽管很多书晦涩难懂，但他觉得如果能把爷爷的大书架"吃透"，他就可以更深刻地认识世界与人生。

爷爷是孙子的精神领袖

比大书架更具魅力的是它的主人——爷爷。在弘文心中，爷爷是一位历尽人生百态、富有人生境界的智者。待人淡泊却温暖细致，言语不多却字字珠玑，无论世事如何，爷爷从不慌张，更不会随波逐流。弘文被琐事困扰苦闷的时候，会和爷爷聊天儿，爷爷总能一针见血地指出症结，引导他思考，想出解决问题的方法。爷爷70多岁了，身体状况大不如前，但精神矍铄，思维活跃，这让他十分钦佩。这样一位暮年智者，用自己的人生积累为孙子创设出浓郁的文化氛围，处处流露着思想的力量。受爷爷影响，弘文也特别爱思考：思考自己，思考人生，思考他人，思考世界。

孩子心语

弘文说:"要找到自己,寻找突破。"

和爷爷奶奶一起生活,他们的思维方式和生活方式对我影响很大。他们是老人,生活是平静、安逸的。但是我是青少年,我需要更多的活力和激情,所以在和他们一起生活、学习他们经验的同时,我还不能完全被他们同化了。我要在他们给我的框架里找到自己,然后突破自己,让自己活得更有力量。比如,我现在体重是130斤,以前是180斤,我是怎么减下来的呢?除了刮风下雨,我每天出去跑10千米。此外,我会控制饮食,不喝可乐之类的饮料,足足一年才让自己瘦下来。其实,我从小就很胖,但我为什么在这个时候突然想起来要减肥呢?我觉得它来自一种自我力量的感召——不想再这么固定地、循规蹈矩地活着了,我希望通过一些挑战、一些我想做的事,来证明自己是有力量的。减肥成功所带给我的那种喜悦、自豪是用钱买不来的。

弘文说:"我有行动力。"

人有了想法,就要去尝试一下,光有想法是没有用的。每个人都有两面性,我有安静的一面,我也有疯狂的一面。不过我不是那种在楼道里打打闹闹的疯狂,而是可能会去做一些别人觉得疯狂的事儿，比如，学力学那段时间，我们班在二楼，我就突然在想如果从我们班窗户跳下去，在地上摆满纸箱子来缓冲，我会怎么样。估计是摔不死的，然后我就真的试了试。我在学校里到处找纸箱子，然后放在规定位置上，从我们班窗户那里蹦了下去，结果真的没事儿。还有一件比较疯狂的事儿，就是一次和我爷爷聊天儿，他说："昌平、怀柔你都没去过，你生在北京城，不知道北京城什么样，这哪行呀！"然后我仔细想了想，觉得他说得挺对的，但是我不可能自己跑那么远啊，于是我就订了个计划：利用暑假的时间，我一个人骑着车，绕着北京的六环路，走辅路和支路，走了一圈。到了晚上就自己找地方住下来，第二天天亮了再出来继续走，就一个人骑车，不用导航。我买了张地图，自己研究地图，想好了每天大概骑多少千米，再计划好在哪里吃饭过夜。我全弄清楚了，自己看地图，自己找住处，都解决了。

弘文说："大人的生活我无法插手，但我可以规划自己的生活。"

总有人问我："你那么小，你爸妈就离婚了，难道对你没有影响吗？"对这个问题，我不知道怎么回答。肯定有影响啊！但我知道，问我的人，想问的是有没有不好的影响。怎么说呢？我爸妈都在我身上尽责了，我妈再婚后，来看我的次数不多，但她管到我 6 岁多，我上小学以后她才搬出去的。那时候，为了养我，她一直在我爷爷奶奶家住，换个人谁愿意啊。我明白，她是为了我。我爸爸一直管我，到现在，他每周都过来看我，经常跟我聊天，问我各种各样学校的事。他挺好的，一点儿都不主观，挺尊重我的。

我爸妈离婚，说不上好坏，他俩之间的事，我无法了解全部。但对我来说，好影响大于坏影响，现在不就是证明吗？我发展很好啊！学习不错，上的是全市最好的高中。其他方面的发展也都不错：担任学生会主席，负责两个社团，每个学期都组织很多活动。这两年我已经减少了，毕竟高三了，精力重心必须转移到高考上来。考上大学应该没问题，重要的是，我想上一流大学，国内顶尖级大学，今后我还想出国留学呢！为了今后申请好学校，我也必须上顶尖大学。

| 父母独白 |

爸爸说："离婚是两口子的事，别跟孩子掺和在一起。"

我决定离婚的时候就想好了，绝对不能殃及孩子。我有这个能力，肯定能做到！把两个人的事与孩子的事分开，别掺和在一起。

离婚初期，孩子他妈没房子住，我就搬走了。当然我也跟父母做好了工作，好在我前妻跟我父母的关系还不错，挺和谐的。我明白，孩子小时，尽量跟妈妈在一起，对孩子成长有好处。所以，我让前妻在我家，我搬出去。孩子6岁多的时候，我前妻再婚了。她也没错，不能为了我儿子，让她终身一个人，我不能这么做，这样多自私啊！

不过，不论孩子他妈再婚前，还是再婚后，我这个当父亲还是尽责的，从来没有忽略过我儿子。我每周都回家，有时候中间也回家，无论是老人还是孩子，只要有事，我肯定回家。所以，虽然我们夫妻离婚了，但我始终是孩子的爸爸，从来没有不承担养育孩子的责任，这是底线。夫妻是后天的，做不到终生相守，孩子是先天的，你生了他，一辈子就是你的，无论你走到哪儿，无论你再娶谁、再嫁谁。这一点想明白了，很多事都能处理好。

妈妈说："我们俩都比较理智，理智离婚，最小伤害。"
我跟我前夫都属于比较理智的人，遇事要想清楚，想清楚再决定，千万别感情用事，感情用事容易坏事。大家都读了这么多年书，什么道理不懂啊！都懂。关键是双方都要讲道理，就什么都好解决，只要有一方不讲道理，就很麻烦。好在我们离婚时双方都比较讲道理，家里老人也都通情达理，这一点很难得。

决定离婚之前，我们商量过很多次，怎么安排孩子？怎么赡养老人？这些事情都是经过商量的。我们有两个基本原则：不能伤害孩子，不能牵扯老人。本着这两点，我明白，孩子更需要我，我留下，留在孩子身边。这一点也跟两位老人说清楚了，他们家人还感谢我呢，认为我以孩子为重是对的。大人离婚，大人不在一起了，这绝不是孩子造成的！所以，我们两个协商，尽最大可能做到不影响孩子的生活与发展。

把孩子带到 6 岁多，我有新的感情了，再留在人家家里肯定不合适了，对孩子也不好啊！他有爸爸，这是他爷爷奶奶家，我当然不能把一个男人带进来。我跟孩子讲清楚，也跟两位老人讲清楚。一开始孩子接受不了，我们慢慢来，反复跟他沟通。事实证明，孩子后来明白了。这两年，虽然我去看他比原来少，但我也一直与他保持联系，打电话、发短信、发微信，逢年过节也请他出来聚，孩子都挺高兴的。但我也告诉他："妈妈有新家了，要照顾新家，要料理自己的生活。你也大了，也不用妈妈天天管着了，你有事找我，我肯定会管的。"这他都理解。

|| 解读与点评 ||

处理离婚问题，孩子利益放第一

两人走到一起，组成家庭，因各种原因出现情感分歧、婚姻矛盾，走到离婚结局是可能的。处理离婚是一个过程，特别是有孩子的夫妻，如何处理双方分歧，如何分担养育孩子的责任，如何教育孩子，如何分配财产，如何分割彼此的权利与义务，等等。会有一系列问题需要处理。

重要原则是孩子利益第一位。协商一切问题都要从维护孩子利益出发，避免只顾财产不顾孩子；避免报复对方，胁迫孩子；避免让孩子置于中间，左右为难；避免推脱对孩子的费用、探望、陪伴等责任；避免以孩子为筹码，相互算计；避免剥夺另一方的探望、陪伴、共处机会。所有这一切目的在于减少对孩子的伤害，避免给孩子留下阴影和创伤。

明确边界，维护良性关系

弘文爸妈离婚之所以没有太过影响孩子，孩子的成长与发展还算令人欣慰，值得借鉴的地方是他们将离婚相关者的边界处理得很好。

离婚是夫妻两个人的事，不要将孩子牵扯其中。眼看着自己挚爱的两个人出现分歧，产生矛盾，自己无计可施，孩子会产生深深的忧虑，有时甚至是自责与悔恨。为了帮助孩子减轻压力，缓和情绪，父母商议离婚问题和做出离婚决定的时候，务必以保全孩子利益为第一位。

夫妻关系可以解体，亲子关系终身存续。母亲只有继续扮演提供母爱的角色，疼爱孩子，关心孩子成长，照顾孩子起居，细心呵护，柔爱温情，才让孩子拥有和感受到妈妈的存在。父亲要尽职尽责，保持与孩子的互动与联结，通过必要的规则和纪律为孩子建立规范意识，提醒孩子不可逾越的界限，引导孩子学会自控、自律与自立。母子关系、父子关系都得以维持和保护，表明离婚关系并没有干扰亲子关系。

越是感情的事，越要理智应对

离婚是一件伤感情的事，离婚双方会牵扯出方方面面的爱恨情仇，很有可能出现伤心委屈、悔恨敌对。但人们在感情激烈的时候，往往不容易思维清楚，条理分明，通情达理，这种情况下做决定，很有可能偏激片面，顾此失彼。在此提醒离婚双方，处理离婚事宜时，一定要理智，不情绪化，保持理性的头脑来应对离婚压力。下面几点可以在协商时予以关注：

1. 孩子利益优先。

2. 不要牵扯老人和其他亲人。

3. 不能做夫妻，可以做朋友。

4. 两败俱伤是最坏结果。

5. 理智协商具体事宜（探望、抚养费、假期管护、学业支持等）。

4 没有血缘的亲人

离婚父母再婚的可能性与比例都不低,势必会将孩子带入再婚家庭,与继父母共同生活、交往相处的可能性是很大的。继父母与孩子没有血缘关系,能否与孩子建立良性、健康的亲子关系,对孩子发展的作用不容忽视。下面案例中的养父、养母都是成功的典范,他们对前夫、前妻的孩子视如己出,用心关护,用发展的眼光看问题,从建设性视角处理问题,都与继子建立了和谐、美好的家庭关系,弥补了孩子生身父母离婚有可能导致的缺憾或伤害,值得借鉴。

| 家庭故事 |

父母和平分手，一个家变成两个家

君豪是学校的学生会主席，通过全校公开竞选上台。他做事踏实认真，吃苦耐劳，日常交往中很会为他人着想。他就是那种老师眼中的好学生，同学心中的好榜样，家长口中的"别人家的孩子"。

君豪的父母都是外省人，10多年前来北京打拼，为了赚钱，君豪爸爸经常出差，君豪8岁那年，爸爸向妈妈提出了离婚，理由是长期分开，感情变淡，妈妈平静地接受了这个现实。双方签下协议：一同贷款买的房子继续由君豪妈妈和儿子住，房贷转移为君豪妈妈来偿还；君豪由妈妈抚养，君豪爸爸按月付抚养费；君豪妈妈不能阻止孩子去父亲那里，也不能阻止君豪爸爸来看孩子。

尽管君豪爸爸不久后再婚，但他还是经常把儿子接过去玩儿，直到自己的一单生意出了大麻烦，欠下巨额债务，无奈之下，他带着新婚不久的妻子去了内蒙古，寻找新的发展机会。君豪妈妈对君豪的学习要求严格，希望他将来考个好大学。君豪妈妈为他请家教，周末给他报了英语和数学提高班，寒暑假也带他上辅导班。君豪初三时，他妈妈也再婚了。继父是一位教师，知书达理，为人谦和。他特别喜欢这个大儿子，平时会和君豪聊天儿，聊工作，谈人生，也讲一些自己对人生的思考。君豪一直觉得父母离婚挺好，因为他原本的一个家变成了两个家。

继母对继子像亲妈

几年后，君豪爸爸和继母回到北京，他们赚了不少钱，买房安了家。君豪爸爸想儿子，与前妻商量后，把儿子接到自己家抚养。在内蒙古时，继母还给君豪生了个妹妹，一家四口其乐融融。

君豪说自己是幸运的，继母待他像亲生儿子一样，从来没有过偏向。君豪爸爸在一家房地产公司工作，平时上班比较忙，压力也很大，但想想自己的两个孩子，工作起来充满干劲儿。君豪的继母是家庭主妇，在家照顾年幼的女儿和君豪。家里的厨房是她的主要阵地，给妹妹做辅食，给君豪加营养。君豪升学压力大，情绪容易波动，继母细心照顾他，营造家庭温暖。君豪从未觉得自己是外人，完全融入了爸爸的新家。

在继母的照护下，君豪顺利升入一所理想的高中。学校离家远，往返会浪费很多时间，君豪选择了住宿。有一次他和继母逛街，想要一个抱枕放在学校用，继母为他选了一个十字绣的抱枕，并用了两天时间亲自绣好，送到君豪学校。君豪收到的不仅是一个充满爱意的抱枕，还收获了同学们羡慕的眼光。君豪的衣服也都是继母带他买，君豪喜欢的颜色、样式，还有尺码，继母都记得。

| 孩子心语 |

君豪说："我当时特自豪地说：'这还是后妈。'"

父母在我8岁的时候离婚了，然后我爸我妈又都再婚了。我后妈又有了我妹妹，她还很小呢，平时就是我后妈负责照顾我们俩，我爸得去上班挣钱。我继母人特好，我特感激自己能这么好命，遇到这么个后妈。我身上穿的这件羽绒服就是她给我买的，我喜欢什么颜色的、什么样儿的、穿多大的她都知道。而且有时候我们俩逛街，我想要什么都是她给我买。有一次，我和我后妈去买了个抱枕，十字绣的那种，结果她两天就给我绣好了。她给我送来的时候，我们同学都说："你妈对你真好。"我就特高兴地说："嗯，这还是后妈。"

君豪说："父母离婚了不一定是坏事，它让我更客观地看待婚姻。"

我真的挺知足的，而且我觉得我现在这样挺幸福的。他们离婚后，又都再婚了，我相当于有了两对父母，这样我又多了两个亲人。我继父和后妈人都特好，对我也都特照顾。其实，通过他们我能了解更多社会上的事，还有做人的道理。何况我还有个妹妹，她特可爱，可好玩了，不知道我妈还愿不愿意再要一个，她要是想要我一定不会阻拦的，因为我觉得就算她再要一个孩子，也不会出现电视剧里的那种结果——不要我了，我有这个自信。

不能说所有离婚家庭的孩子都是不幸的，当然爸妈离婚也绝对说不上是什么好事，但其实现在离婚的人很多啊，我觉得这就是生活中的变化，可能有好结果，也可能有坏结果，现在的人对离婚这件事儿都看开了，不像原来那么思想保守了。不过我爸跟我聊天时也会偶尔说到婚姻的问题，就是说你看我和你妈离婚了怎样怎样，要我对婚姻有自己的思考，要谨慎，要负责任，不要轻易谈感情，一旦两个人在一起，就要尽可能抱着一起走完一生的目标。

| 父母独白 |

妈妈说：“离婚容易，过日子可不容易。”

当时离婚没想那么多，那时候可能是真不想在一起了，两人天天闹别扭，你看我不顺眼，我看你也不顺眼，生拉硬拽着过，都挺受罪的。不过一分开，困难也就来了，那时候孩子小，我一个人带，还得忙工作，那时候就有点儿后悔离婚。我不是一个随便认输的人，别看我是个女人，可我从来不会随便认输，这是优点也是缺点。从优点说，努力、要强、独立、不依靠别人，缺点是太强势，从来不给男人面子。

一个人带孩子时，我深刻体会到了离婚容易，过日子可不容易，这倒让我的性格改变了不少。以前，我从来不张口求人，打碎了牙齿往肚子里咽，忍着。有了孩子，你自己能行，有时孩子不行啊。比如，孩子上幼儿园时，到放学时间了，我手头的工作根本就完不了。怎么办？就得张口求人啊！我求过幼儿园老师，让人家帮忙看着，有一次时间太晚了，人家老师直接把我儿子带回她家了。感激老师啊！老师还不是冲着孩子，看我一个女人养孩子不容易，怕孩子受罪。

从这点来说，我还挺感谢离婚的，把我的脾气磨平了不少。离婚不是好事，但也有好的方面，在我身上就有，我现在的老公也不错，脾气好，有修养，知书达理。

爸爸说："我就没想着反目成仇。"

我儿子特知足，到处跟别人说，他有两个家，有两个爸爸、两个妈妈。这傻小子，心宽体胖，心大。其实，从某种程度上来说，儿子的视角给了我不少启发。我跟他妈离婚了，多数人认为，这多不幸啊，孩子得受多少伤害啊！但是，凡事在人为。咱不把离婚弄成战争行不行，咱别相互为敌行不行，咱别彼此伤害行不行。能做到，都能做到。

从内蒙古回来后，我马上就联系我前妻，我想管孩子，不是嫌她管得不好，她管得很好，但我这个做父亲的不能坐享其成，不知不觉孩子就长大成人了，你都没有过问过，多可怕啊！你还指望孩子心里有你这个父亲，不可能啊，你心里始终没有他，他心里凭什么有你啊！所以，为了把孩子接过来，我给我现在的妻子做工作，给我前妻做工作，希望她们理解我，给我机会，帮我实现这个愿望，我得在儿子心中留下一个好父亲的形象。现在看来，做得还不错。大家处得都不错，为了孩子，大人之间好好协调，能解决好。

后妈说:"孩子不复杂,你怎么对他,他就怎么对你。"

是啊,自古就说后妈难当,我自己就成了后妈,想都没想到。我没有那么多道理,也总结不出什么经验,我就坚持一条:我就像你妈那样对你。这话说起来容易,做起来难啊。特别是孩子刚过来的时候,以前跟他妈过惯了,我就是对他再好,他也不觉得好,有时还觉得你成心不好。有时我也委屈啊!那也得面对啊。接过来之前老公跟我反复商量过的,我不能反悔啊。

孩子毕竟是孩子,不可能很复杂,只要你用心观察他,一定能够摸清楚孩子的心理、孩子的需要。无论如何,他爸爸是爱他的,他能感觉得到,我的角色就是让他们父子相互之间的爱真正传递到、感受到。所以,顺着父子亲情的角度做事,错不了。比如,他爸爸要求他跑步,目的是防止他太胖。我就每天定闹铃,叫他起床,监督他跑完全程。为了鼓励他,我每天跟他一起起床,在一边陪着他,每次跑过我身边时,给他报时,告诉他,速度又提高了,他可有干劲了。坚持两年多了,人也瘦了,身体也健壮了,穿衣服都比原来好看。他尝到甜头了,还说:"都是我妈帮我实现的。"

解读与点评

父亲、母亲都是"做"出来的

父亲、母亲都是"做"出来的,"做"的含义是实实在在地做事,做与孩子有关的事,与孩子一起做事。之所以强调"做",而不是"作",原因在于"做"是具体的、客观的、看得见的,而"作"是抽象的、主观的、想象的。

君豪父亲从外地回京后,真真切切意识到这一点。他知道,自己这几年不在儿子身边,虽然自己给抚养费,时不时也会发个短信、打个电话。但他知道,他始终没有与儿子相处在一起,没有与儿子共同做过事,没有与儿子发生实实在在的联结。这样的后果是父亲仅仅是概念上的、认识上的、感觉上的。这对孩子是不公平的,因为他拥有的只是名存实亡的概念上的父亲。

为此,爸爸把君豪接到身边,跟他一起吃饭、一起玩游戏、一起出游、一起讨论学校活动。通过这些实实在在的相处,孩子才能真切体会到父亲的思想、做派、脾气、秉性,父亲才能在孩子身上留有印记,产生影响,父子联结才客观实在地发生了,这样的父子亲情才是有内容的、有痕迹的、有化学反应的。

后妈也是妈

君豪在讲述中多次提到后妈，透露出喜欢、认可等积极反应，这表明后妈对君豪的影响是积极的，产生的是正面效能。传统思维大多对后妈存有偏见，导致社会习俗以刻板印象定位后妈，似乎凡是后妈都是无情的、刻薄的、残忍的。社会已经发生了巨大变化，当代父母基本都受过教育，必要的文化水平与知识信息是有的，这意味着当代父母有能力站在新观念、新思维的层面对待孩子，哪怕是继子。

后妈也是妈，这是一条根本原则。之所以有后妈与继子女的关系存在，一定是继子女的父亲把孩子带进了新的家庭结构、新的家庭关系中，使自己与前妻生养的孩子在生父与继母重新组建的家庭里生活。也就是说，跟谁生活，如何生活，不是孩子的自主选择，孩子带有相当程度的被动与依从。想清楚这一点，后妈会在心态上有巨大调整，也就是说，不是孩子要跟你生活，是孩子的爸爸要跟你生活。你有什么怨，什么气，什么委屈，不是孩子的错，与孩子无关。因此，有理智的后妈千万不要拿孩子出气，不要委屈和伤害孩子。因为孩子已经无辜了，他跟随离婚再婚的父母，被安排、被对待、被处理，孩子不承担任何责任，相反大人们还应该减少因为大人们的不慎或草率，有可能对孩子造成的伤害，这当中，后妈是一个重要他人。

乐观的孩子最可爱

君豪是幸运的，因为他的生父、生母，他的继父、继母也爱他，使得他比一般孩子多了两个父母，他有四个父母。君豪能够这样看问题是难能可贵的。

父母离婚对大多数孩子来说，是打击、是伤害，甚至是残害。所以，人们普遍反对父母离婚，更反对他们离婚后再婚，因为人们担心孩子会遭受进一步的伤害，来自继父的或来自继母的。君豪的继父和继母都不错，至少没有让他感到不快、委屈和伤害。一方面缘于继父、继母做得不错，对他关爱呵护，管教培养，视如己出；另一方面缘于君豪乐于并善于从积极方面、好的方面看待继父、继母的所作所为，对他们为自己的付出表达感激，懂得感恩，懂得回报。这样一来，君豪与继父、继母之间容易形成良性循环。他们都从好的方面解读对方，都从积极方面回应对方，都以建设性方式对待对方。久而久之，双方就形成了良性友善的关系模式，这是一种对彼此都有积极意义的关系模式。

很多时候，生活不以我们的意志为转移，不幸和挫折都在所难免。碰到不幸，遭遇挫折，如果我们尽可能从积极、乐观的方面加以解释，予以对待，事态的走势往往就会走向良好、建设性的方向。

第六章

窗外依旧有蓝天

1 朋友、音乐让残缺变完美

　　人生成长是一个极其复杂的过程，不仅需要食物、营养，还需要读书、音乐、朋友、旅游。也就是说，人生需要滋养，才能使生命丰富、和谐且健康。父母离婚，对孩子而言是一场挑战，有些还会构成伤害。好在，生命具有自我防御机制，具有自我修复功能。有的依靠亲情，有的借助友情。有的迷恋阅读，有的投身音乐。无论如何，在父母离婚的低谷阶段，积极资源的注入，就是对孩子的支持与陪伴，可以成为孩子走出低谷的支点。

| 家庭故事 |

天生折翼的女孩儿

宁轩生下来不久就患上小儿麻痹症，后遗症使她身材臃肿、腿脚不便，走起路来总是一瘸一拐的。因为面部肌肉紧张，情绪稍有波动还会引起抽搐，声带发育不良导致发音不畅，言语含糊不清。1岁时，父亲便提出与母亲离婚，只身离开了。

从小学到初中，因为身体的原因，宁轩被一些同学看不起，他们会把她的书包扔到教室外，看着她一跛一拐地去捡；会模仿她说话，嘲笑她吐字不清……宁轩和他们大吵，找老师告状，但收效甚微。从一次次泪水的洗礼中，她逐渐明白：自己的客观条件改变不了，也控制不了其他人的心胸与口舌，那么，做自己就好了。她慢慢学会了冷处理，对别人的讽刺、嘲笑置若罔闻，对不怀好意者疏远、回避，把更多精力投入到读书、绘画、音乐当中，活出自己想要的模样。

心中有一个完美的自己

宁轩小学三年级开始学架子鼓，这一点还得感谢舅舅。当时舅舅家的哥哥报名学习萨克斯，每天在家里练习，宁轩羡慕极了，就缠着姥姥也要萨克斯。舅舅看着心疼，想着宁轩腿脚不好，只带个鼓槌比较方便，于是多次找学校老师，让她成为鼓乐队成员。没想到一发不可收拾，宁轩成为鼓乐队里最投入、最用功、最有悟性的学生，深得老师喜欢。每天放学后，她都跑到排练厅练习，无论有没有演出任务，她都练上一两个小时。鼓槌像是她身体的延伸，让她在有限的空间里可以碰触到更遥远的世界。当节奏响起，身体里的每一个细胞好像都被激活了一样，它们像是在做"光合作用"，将那些积攒的压力、消极情绪全都"吐出"，重新吸收光和养分。每次打完鼓，宁轩会觉得很释放、很开心，就像充了电一样，变得干劲儿满满。

除了架子鼓，她还参加了学生会和街舞团。在学生会文娱部她只是个小干事，开例会、做记录、画海报、做宣传，做的都是最基础的工作。在街舞团，由于自身条件所限她跳得并不好，演出时很少上场，可她依旧迷醉在欢快的节拍里。帮舞团订场、联系化妆、帮演员们看东西、躲在后台看大家表演，宁轩感到特别满足。

她心中或许住着另一个自己，美丽的容颜，舒展的身姿，娇脆的声音。那个自己在她的心中是完美的，帅帅地打架子鼓，在学生会挥斥方遒，在街舞团叱咤风云。宁轩心中那个积极向上的生命力，化作这个完美的形象，陪她成长。

| 孩子心语 |

宁轩说："他打我，但我还挺感谢他的。"

对于爸爸，我头脑中就没有这个概念，从来没有见过我爸，我家里连我亲爸的一张照片都没有。小的时候我问过我妈，我爸哪儿去了，有一次在饭桌上，我妈就说："吃饭，别问。"我长大了其实早就知道他们离婚了，也问过我妈当时是因为什么让他们离婚的，我妈也不回答我，后来我就不问了，反正都过去了。

在我很小的时候，我妈就和一个叔叔结婚了，但他们经常吵架。叔叔经常骂我、打我，骂得还特别难听，因为他爱喝酒，还总是喝醉，一醉了就打我。他也打我妈，所以，初中时我就很少回家了，都是住在朋友家。朋友们都挺喜欢我的，他们家人也挺喜欢我的，邀请我去他们家。现在我上了大学，也不愿意回家，基本上都是在学校待着……不过其实我挺感谢他的，尽管他打我。他要是不喝醉的时候，还是会关心我一下的，比如，会问问降温了衣服够不够穿，生活费够不够用。其实就算是亲爹也是会打孩子的啊，我觉得至少叔叔让我填补了我对"爸爸"的空白，体验了一家三口的生活是什么样儿的。

宁轩说："不用别人照顾我，都是我照顾别人。"

别看我身体状况不好，在宿舍里都是我照顾室友们。我们宿舍一共4个人，每天都是我起得最早，然后把她们都叫起来。一个要去上自习，还有一个要去早锻炼，我一起床就会把热水打好了呢，然后吃早饭去上课。没课的时候就去图书馆看看书，要不然就去参加活动、打鼓什么的。她们（室友）毕竟经历得少嘛，特别是城里的女生都比较娇生惯养，没遇到过什么大的挫折，所以有时候遇见点儿事就想不开了，失个恋都能寻死觅活的。我就得劝劝，就像知心姐姐似的，后来她们有什么事儿都愿意和我说，我帮她们分析，或者是出主意，而且我嘴严，是不会泄露秘密的。

我从生下来不久就患上小儿麻痹症，原来老有人笑话我、欺负我，后来我就觉得既然我改变不了别人，那我好好做自己就行了。他们的忙，我能帮的肯定帮，让我坐视不管我做不到，后来可能也是因为长大了吧，笑话我的人就越来越少了。到现在，应该是从高二开始，基本上就没人笑话我了，大家对我都很友好。

宁轩说："生活中的乐子得自己找。"

我特喜欢打鼓，尤其是架子鼓。从小学到现在，学校一直都有社团，我老能去打鼓。原来还想过要去考级呢，后来老师说如果不走这条专业路线的话，考级没用，我就没去考。其实我也没打算要走这条路子，我打鼓就是因为自己喜欢，生活中总得给自己找点儿乐子吧。我一打鼓就特别兴奋，好像什么烦恼都没了，打鼓虽然很累，但打完觉得浑身上下都特舒服。上大学后，我还参加了学生会，还报了街舞团，现在每天下午下了课我都会去跳舞。有时候要去学生会参加活动，有时候打鼓，如果没事就回宿舍跟室友们玩。最近参加了一个广告设计大赛，现在一直在忙这事呢。我常常就感觉日子过得特别快，时间都不够用。

父母独白

妈妈说："倒霉事都让我赶上了。"

我不愿相信命运，但我的命确实不好，倒霉事都让我赶上了。孩子生下来就有病，而且是终身残疾。前夫自私，为了自己，把我们娘儿俩抛弃了，从此再没见过面。他一次都没看过孩子，我知道，他就没接受过这个孩子。小时候，我闺女总是问我："爸爸去哪了？"我都想说："他死了！"

再婚后的日子也一般，我当时之所以很快就再嫁，是因为娘家也不宽绰，我带个孩子回去，还有我弟他们三口，家里真挤，上厕所都得排队。我没给老家带来什么福气，还回家给他们添堵。当时也考虑过孩子，想象着，如果能够碰上一个好的另一半呢，我和孩子就都有救了。

没想到，现在的丈夫也不怎么样。刚认识时还不错，他还跟我保证，肯定对我闺女好，结婚之后，完全不是那么回事。他看不上我闺女，嫌她有病，嫌她长得不好看。你说说，孩子身体都不行，你还挑她长相干什么啊！他甚至还动手打孩子，我真心疼我闺女，每次他打我闺女，我就跟他干，打不过他也得打，反正不能让他好受。后来我闺女看不下去了，来都不来了，基本就是在她姥姥那边。

妈妈说："没想到这孩子能活得这么乐观。"

这辈子我最对不起的人就是我闺女，跟着我受了那么多苦，一天福都没享着。但她不这么认为，她说，她很感谢我，说我没有抛弃她，我这么难还养着她。听孩子说这些，我大哭，我给她什么了，什么都没给，她不但没有抱怨我，反而还感谢我。

这孩子很乐观，比我乐观。她经常跟我说："愁眉苦脸也是过，开开心心也是过。我就不想愁眉苦脸地过。"她能做到，我做不到。我也挺纳闷儿的，这孩子心特别宽，成天乐乐呵呵的。我有时候在想，亏的老天爷让我闺女心大，她要是心眼小，我们娘儿俩真的没法活了。

这几年她长大了，经常开导我，我的心态也好了不少。看着闺女生活得还挺好的，我这心里踏实了好多。她跟我说："您甭着急，把心放肚子里，我肯定能养活您，还得让您过上好日子。"听她说这些，我心疼，一个残疾姑娘，你说她得拼成啥样才能让我生活得好啊！我现在能做到的就是每天锻炼身体，把身体锻炼得棒棒的，不想以后给我闺女添麻烦。

妈妈说："女儿比我顽强多了。"

女儿虽然身有残疾，但她比我顽强。小时候，她没少受人欺负，小孩子不懂事，老给她起外号，还捉弄她。她回来跟我哭过，我也没办法啊。找过老师，找一次就好点，过一阵子，又有人欺负。长大点儿之后，她就不怎么跟我说了。我当时也不太理解，是她怕我伤心，还是她自己变坚强了，我也说不清。再后来，上中学了，她才告诉我："你得把自己变强，自己强大了，别人就不欺负你了。"

这孩子学习特别好，越到后来越好，初、高中之后，每次考试都是班里第一名，把其他同学甩得老远。孩子一直是班里的学习委员，后来还当过学校的学生会主席。高中那会儿，班里有些同学学习跟不上，她就主动给人家补课，寒暑假都有。我们家没地啊，有学生家长开车去她姥姥家接她，晚上再送回去。这孩子心眼好，谁找她都帮，从来不掖着藏着，所以她朋友可多了。

‖ 解读与点评 ‖

憧憬与向往带给孩子生命力量

尽管宁轩的肉体是残损的，容颜是遗憾的；家庭是残缺的，童年是不幸的，这些会在她的心里留下巨大的缺憾与不甘。但是，生命具有与生俱来的补偿机制，不会心甘情愿地接受生命的不公与不幸。当生命不能获得外在补偿、直接补偿的时候，自我补偿、间接补偿也会构成强大力量，以憧憬、向往等形式为生命注入新的生机与希望。

现实不尽如人意，宁轩在心里塑造出一个完美的自己。她热爱音乐，通过音乐的美好与曼妙，展示自己内在的美好。她与人为善，宽厚待人，乐于助人，展示自己内在的善良与道义。她积极参与社团活动，为大家忙前忙后，心甘情愿，乐在其中，以此赢得了朋友的认可，众人的喜爱。看得出，宁轩以自己优秀、善良的品质弥补了自己缺憾的外表，因为她从来没有放弃对美好的憧憬，从来没有停止对未来的努力，使自己具有了强大并富有磁性的内在力量。

再难也不要放弃寻找

宁轩发自内心地酷爱音乐，不遗余力地参与社团，诚心诚意地与人交往，主动忘我地帮助朋友，这一切都给她带来机会。音乐成为宁轩释放自我的主要途径，再多的苦、再多的不幸，只要她投入打鼓，就会尽情挥洒，就会酣畅淋漓。鼓乐成为医治宁轩心灵伤口的良药。参加社团活动让宁轩有机会结交更多的朋友，有机会释放自己的宽容与大度，有机会证明自己是有用、有价值的。宁轩有了很多朋友，朋友们体验、感受过她的好、她的诚恳、她的厚道，因此，当宁轩遇到困难、生活不顺的时候，朋友们会主动帮她，收留她，为她提供住处，陪她玩，陪她走出孤独。

显然，宁轩始终没有停下寻找的步伐，在音乐中寻找，借助音乐抒发美好与快意。在活动中寻找，借助活动提升自己，发展自己。在交友中寻找，通过朋友享受爱与陪伴，实现关怀与帮助。

即使面对自己并无优势的街舞,她也努力尝试,大胆参与,锻炼自己,因为她从中收获了信任、理解和支持。所以,宁轩的价值就在于她一直坚持寻找,寻找参与的机会、认可的机会、成长的机会、发展的机会,这正是她不可小看的地方。

弱小也是力量

宁轩的妈妈是不幸的,被丈夫抛弃,自己抚养有病的孩子。但是,她又是强大的,在丈夫放弃孩子,不辞而别的时候,她没有放弃孩子,以自己绵薄的力量带女儿看病,帮女儿恢复,为女儿赢得最好的生存质量。

宁轩的姥姥也挺不容易的,住房狭窄还得收留无处容身的女儿和外孙女,照看孙子的同时还要抚养身有病痛的外孙女。给不了她们山珍海味,就以粗茶淡饭养育孩子;给不了她们豪宅阔室,就以一家人的相偎相依彼此取暖。就靠这些,幼小的宁轩有了住的地方、吃饭的地方。

宁轩的舅舅是宽厚的,在自家拥挤不堪的情况下,他没有阻碍姐姐和外甥女的回来。当儿子学音乐时,他帮助外甥女找到了学习音乐的可能,以至于音乐成为宁轩生命中不可或缺的因素,在她最困难的时候为她支起对未来的憧憬与向往的可能。

从资源财富的角度说,宁轩一家人都是弱小的。他们没有腰缠万贯,没有豪车大宅,没有高位重权,他们只是普普通通的小老百姓,过着平凡甚至俭朴的生活。但他们有责任、有承担,有家人之间的支持与连接,有危难之时的援手,有困难面前的挺身而出。所以,他们靠着彼此的支撑、关怀与不弃,将一个濒于残破的生命陪伴到自主自立,自带光芒。

2 老师、同学温暖了我

上学读书是每个孩子必须经历的人生道路，占据了青少年的绝大部分时光。因此，他们会有很多时间、很多精力与老师、同学相处。遭遇父母离婚的孩子，多数情况下，他们宁肯藏在心里自我忍受，也不愿意告诉老师和同学，不愿意把自家的隐私张扬得路人皆知。但长期的忍受与压抑会导致孩子心事重重、心神不宁，久而久之，必将影响学业，挫败信心，甚至耽误长远发展。如果孩子能够碰上和蔼可亲的老师、善解人意的同学，愿意向他们敞开心扉，表达心绪，有助于他们打开心锁，摆脱压力，释放心情，放松自我。老师、同学相当于孩子的社会支持网络，家庭网络断裂、不牢的时候，能够得到社会网络的理解与支持，是孩子成长中的幸运。

| 家庭故事 |

地理老师给了孩子无私的爱

父母离婚与父亲再婚让妍妍心里很难受。在学校上课时,她经常走神儿,课间也不再和同学们一起玩闹,总是一个人呆呆地坐着,那段时间她成绩下滑很厉害,班主任为此请妍妍爸爸谈话,每次谈完话,爸爸都会教育女儿一顿,说自己挣钱多么不容易,说自己再婚和她没有关系,让她别多想……可这些解释怎么可能让一个 13 岁的孩子打开心结呢?妍妍依旧闷闷不乐。

她的变化让教地理的章老师发现了,平日里她很喜欢这个乖巧小姑娘,是什么原因让她像变了一个人似的呢?章老师把妍妍叫到办公室,和她谈心,询问她的情况,妍妍不好意思说,章老师也不强求,就和她随意聊聊学习、生活。后来每次上完地理课,章老师都会把她叫到办公室聊一会儿,有时候下班路过妍妍的班级,见妍妍还在教室,章老师也会进去关心一下。时间久了,妍妍冰封的心被章老师焐热了,她把自己的经历一五一十地告诉了章老师,令她没想到的是,章老师也落泪了,她能体谅妍妍的纠结和痛苦。几次长聊之后,章老师成了妍妍的知心朋友,每周她们都在办公室里谈心,谈谈这一周发生的新鲜事,谈谈这一周妍妍家里发生的苦恼事。章老师不仅开导她，还会在学习之外陪伴她，周末带着自己的孩子逛街、去公园，经常邀请妍妍一起去，一同吃饭。从章老师那里，妍妍获得了久违的爱。到了初一期末，妍妍的学习状态与成绩总算又回到了正轨，她又找回了原有的乐观与开朗。

同病相怜，同学带来温暖

除了章老师，还有另一个重要的人，他是妍妍的同学——文麒。文麒父母的感情十分不好，经常吵架，并且最终离婚。相似的经历让两个孩子有了更多的共同语言，妍妍不爽的时候会向文麒抱怨，文麒在感同身受的同时又会像长辈一样开导她，逗她开心，将妍妍像小妹妹一样照顾着。他一直陪着妍妍，度过了初二整整一年的时光，也度过了妍妍最痛苦、最无助的日子。

转眼到了初三，文麒全家移民了，两个人的联系方式由面对面转成了QQ。尽管整整隔着12个小时的时差，但他们总会相互迁就对方的时间，在网上聊聊最近的生活、学习和自己的心路历程，开心的事相互分享，难过的事彼此分担。尽管见不到面，但妍妍说这个知己会一直在自己心中，是他给了自己无条件的支持与不竭的动力。

| 孩子心语 |

妍妍说:"从他举办的婚礼,我就知道自己是多余的了。"

我之前都和我妈住,但是有一次和我妈吵架,特激烈,就说:"那我跟我爸住,不跟你住了。"就打电话让我爸来接我,现在我也跟我爸住着。他不让我把我们的住址告诉我妈,所以到现在我妈都不知道我住在哪里。那段时间,我整个人的情绪特别负面,每天也不是特开心,就特别没有什么精神劲,觉得自己活着特没有意义。因为我爸和后妈在忙活婚礼,居然谁都没有告诉我,我爸压根儿没跟我交流就要结婚了。他们就去拍婚纱照什么的,也不跟我说。后来我去书房看电脑的时候,看到他在婚宴上谁坐主桌,谁坐其他桌什么的,我才发现根本没给我留位置,我可生气了,就跟我爸说,反映我的情绪。后来,我爸就说跟后妈说了我的想法,但最后我还是没有坐主桌,而是让我坐在一个特别偏僻的小角落,跟他那帮大学同学坐在一起。后来我就去收礼金的地方,他们就让我收礼金,我就看着那些来参加婚礼的人,他们也都看着我,感觉我好像特别奇怪似的。也没人问什么,就感觉像没有我一样,我心里就很难过,觉得自己是那么的不重要,那么的多余……我和我爸真的没法儿交流,他就让我好好学习,一定要有好成绩,其他的什么都不管不问的。就是该管的不管,不该管的瞎管,他限制我交朋友，还偷偷翻我手机，但对于我的情绪变化啊，关于我后妈怎么对我之类的事他都不管。我和他吵架，但一说到我吃他的、用他的、喝他的、住他的，我就怕了，就安慰自己"就当他是我养父"。

妍妍说："他才是我的精神支柱。"

就是刚好那个时候吧，我最痛苦的时候，有什么事情，我会跟文麒说。他就像一个长辈，但不是我爸那样的。他就会开导我，安慰我。而且他的家庭和我的家庭状况差不多，原来他父母感情非常不好，他经常目睹父母打架。他父母离婚后，他跟着妈和继父过，继父不喜欢他，就让他妈给他办了学校住宿，也等于是没家的孩子。我们有共同点，更容易相互理解和体谅。他跟我说一些他自己的感受，而且他也会说一些其他事情，听他说后会觉得别人比我遇到的更困难，我这也不算什么。伤心是肯定的，但是后来也会慢慢变好。我觉得他支持了我很多，每次遇到这样的事情，他就会说很多他自己的事情，我就不觉得自己有多难受了。

妍妍说："我要努力使自己长好。"

我妈能管好自己就不错了，我肯定指望不上她。我爸那边也好不到哪去，他顾自己的新家还来不及，哪有时间管我啊！好在他在经济上对我还是挺宽裕的。至少让我吃喝不愁，还有不少零用钱。不过，我是不会瞎花钱的，绝大多数钱我都用在学习上了。尤其用来买书，心情不好的时候我就买书读，书中的世界能够拯救我，真的。再有，我也会报自己喜欢的课外班，瑜伽我上了几期了，特别喜欢，我的身材越来越好。暑期里我还会报一个刺绣班，在电视里看过刺绣工艺，挺神奇的。哪怕我不上辅导班，只要跟着学校老师好好学，我不相信自己有问题。

父母独白

妈妈说："离婚对我的打击比我想象的大。"

我一直觉得我很独立，离开谁都能活，他真跟我离婚后，我却受不了。倒不是自己不能活，关键是那么多年跟着他，生孩子、照顾家，对公婆也不错，最后落得这个下场，我有点儿想不通。我哪点不好了，他凭什么这么对我啊！孩子也不懂事，脾气比我还大，吵了一架，她就找她爸去了。

爸爸说："我没想到她这么在乎。"

这孩子跟我闹脾气是嫌我婚宴时没把她放在主桌的位置上，而我真没想那么多。我当时觉得她一个孩子对结婚仪式这类事不会感兴趣的，会躲得远远的，所以就让她跟我大学同学坐一桌了，里边的叔叔阿姨还认识她。嘿，谁承想，她不高兴了，说我不重视她、忽视她、不把她当回事。这事过去两年多了，还跟我较劲呢，只要说急了，就跟我提这事，怎么解释都没用，我算是欠下她的了。

爸爸说："不想再跟她结梁子了。"

因为婚礼座位那件事，她已经跟我结下梁子了，动不动就跟我提。我能怎么着啊，谁让我是她爸呢，尽量满足她呗。对她的事，说不上有求必应，不过只要是学习方面的花费，我肯定是有求必应，要多少钱都给。好在这孩子学习不错，成绩一直特别好，从来没让我操过心。她也知道往哪儿努力，对未来的规划想得可细了，比我想得多。

|| 解读与点评 ||

没有温情的家庭是可怕的

妍妍爸爸离开家庭的重要原因是感觉不到家庭的温暖，每次出差回来都盼着与妻女团聚，享受一家人琴瑟和鸣、温情脉脉的感觉。但这个家庭冷冷清清，没有温度。除了人口少，亲戚疏远等客观原因，家人之间不善表达，理性多，感性少，即便是有了感情，也不愿意流露，宁肯深藏也不表露，久而久之，家人之间形同陌路，冷静而陌生。我们并不赞同家庭都是感性的、情绪化的、难以自持的。但我们提倡家庭要比工作场合、社交场合多些温情、多些直率、多些真情流露，因为家庭的存在与功能之一恰恰在于它是满足与回应人们情感需求的地方。

建设性沟通有利于家庭良性循环

妍妍的家是冷清的，可能与父母的性格有关，不愿表达，不善沟通，这一特点已经导致夫妻离婚。而在离婚后父母各自与妍妍的互动中，这一问题仍然存在，没有得到改善。比如，妈妈离婚后性情大变，从原来的不愿表达和默不作声变成了动辄发火、咄咄逼人。妈妈是比原来更愿意表达了，但是是一种破坏性的、中伤性表达，指责、抱怨、不满、发泄，只顾发泄自己，不顾接收方的感受与心态，导致母女关系破裂。

妍妍爸爸没把女儿放在主桌，是怕女儿没有熟人，孤独寂寞。但爸爸并没有把这份细心与管护传递给女儿，反而让孩子感觉被忽视、被冷落，心结深重。由此看来，家人之间一定要保持建设性的沟通，不把对方作为自己发泄的、攻击的对象，要以尊重、渴望交流、希望理解、寻求支持的心态定位自己，连接对方。

孩子的自我成长值得赞扬

妍妍无疑是一个颇有个性的孩子,得不到妈妈的理解,她选择与爸爸生活,得不到爸爸的呵护,她选择自强自立。这当中可能透着倔强与坚硬,但也是妍妍自我强大、自我独立、自我探索的必要选择。她不再依靠,她必须独立,她必须独立面对生活中的挑战与不测。尽管她有妈有爸,但他们没有给她娇宠的空间与状态,迫使妍妍独自安排自己,为自己的未来操心,为自己的发展设计。这是一种富有力量的成长,是一种可持续性的成长。

3 网友陪我走出人生低谷

　　网络世界成为当代青少年生活的重要组成部分，他们的很多生活内容都是通过网络发生的、进行的、完成的，也构成青少年发展与成长不可忽视的支持系统。网络交流与现实交流相比，具有更好的隐秘性、跨时空性、私人性，也是很多青少年喜欢的交往途径之一。特别是那些现实中交往不甚自如的孩子，能够倚重网友的理解、支持和鼓励，不失为一种帮他们走出人生低谷的方式。

家庭故事

一个人面对父母离婚

天佑的父母离婚后又分别再婚,他不喜欢继母,又不想去打扰母亲的新生活,所以便主动申请了寄宿制学校,没事儿的时候自己一个人画画或是上网,让自己的生活更加充实。

家庭动荡的那段时间,天佑心思乱极了,情绪极其糟糕,学习成绩更是"哗啦哗啦"地往下掉。他原本没打算将自己的遭遇告诉老师和同学,他不想引起老师的同情,不想让同学们说东道西。可是纸包不住火,不久后的一次家长会上,天佑爸爸主动跟老师说明了情况,老师又跟个别班委透露了一些,请他们多关心一下天佑。

天佑知道这是老师的善意,但他不希望自己成为大家关心的对象,更不希望父母离婚一事被同学们关注。为此,天佑变得沉默寡言,疏远了与班里同学的来往,喜欢一个人静静地学习,上网聊天儿,为自己舔舐伤口。

为自己搭建"精神支柱"

　　写博客成为天佑每天必做的功课。他把自己的经历、感受、思考写成短文，放在博客里。他给自己鼓励，为自己寻找精神慰藉，不放过每一次感悟。慢慢地，天佑有了不少网上同道，他们给他留言，与他分享自己的生活经历，推荐自己读过的书，和他一起交流思想。这些未曾谋面的网上好友，成为天佑的精神支柱、心理后援团、社会支持力量。天佑已经离不开他们，每天放学后，他赶紧跑回家上网，和朋友们聊天儿，记下当天的见闻，分享当下的感受。网上互动使天佑感受到生活中仍有光亮。

　　通过网络，天佑还认识了一个好朋友——小奇。小奇和他生活在同一座城市，比他大6岁，相似的经历使两个人有很多共同语言。在天佑最难受的日子里，小奇每天都会在网上静静守候天佑的QQ上线，与他分享自己的经历与心得、交流学习、讨论难题。有时候，天佑在学校遇到不顺心的事，也会跟小奇抱怨，小奇用自己的方法开导他……平实的交往、朴素的语言、真诚的相待，令天佑倍感温暖，也给了他面对困难的勇气。或许是因为没有见过面，反而令两个人都觉得这个环境是安全可靠的，愿意吐露心声，给对方中肯的建议。小奇被天佑视为虚拟现实中的"爸爸"，尽管只比自己大6岁，但小奇的想法见地却十分成熟实用。每次和小奇聊完，都会让天佑豁然开朗，在他心中，小奇比爸爸更像"爸爸"。有了这些网上朋友的支持，天佑逐渐从谷底走出来，经过初三一年的努力，最终考上了自己心仪的高中。

|孩子心语|

天佑说："我就把他当后爸。"

上个星期，我和爸爸吵架，他打了我，要知道从小的记忆中他从没有打过我。当时我冷笑了一下，然后就走了。我来到地铁站，有个朋友说来接我。朋友没到呢，我后妈开着车就来了，说我不懂事，说我爸多么的不容易，让我回家。我说你给我爸打电话让他给我道歉我就回家，然后她给我爸打电话，结果我爸在电话里又骂了我一顿，说他有一大堆的事情要忙，我还不让他省心，他还要赚钱……我说："在你心中，钱比我重要多了。"我觉得一个当爹的，你孩子都离家出走了也不管，这就不配当爹了。我就是不回家，我后妈就把我书包抢走了。因为里面有钱什么的，她拿走了我就跑不远了。她走后我朋友就来了，后来在我朋友家睡了一晚，第二天还要上学呢，然后我就发烧了，就只能回家了。回去后，我爸什么都没说，看我不舒服也没问问到底怎么了，我这一晚上睡哪儿了，他都不关心。我就安慰自己，就当他是后爸，反正他出钱供我上学就行，等到了 18 岁我就自己找工作，他说过的，说他只打算供我到 18 岁，之后我成人了，要自己养活自己了。

天佑说："她毕竟不是亲妈，不能要求那么多。"

你不能要求后妈跟亲妈一样啊，比如前段时间，我想买件羽绒服和一双鞋，因为我不和我爸说话，然后我告诉她说是多少钱，我说你和我爸商量一下。昨天的时候，我问我爸说那件羽绒服能买吗？他说不能买。我说为什么啊，又不是瞎花钱，他说不为什么。当时我就在想如果是我亲妈，她就算背着我爸也会给我买的。还有那次我离家出走回来后发烧了，就请了一天假在家养着，我爸上班了，后妈打扮好自己出去逛街了。我一个人在家，没有人照顾我，也没人给我做饭，我自己叫的外卖。平时也是这样，如果我爸回来吃饭，她就好好做饭，如果我爸不回来，她就随便弄点儿，或者是我直接叫外卖。但这其实也没什么，因为她毕竟不是我亲妈，我也不能要求，她没这个义务的。

天佑说："有他我就很安心"。

小奇比我大 6 岁，他有 20 多了，他爸妈也离婚了，而且比我爸妈离婚时闹得更凶，他之后就再也没见过他妈妈，然后就跟着他爸和继母一起过。大概因为我们的经历比较相似吧，大家都比较能理解，所以就聊得很深。他懂得比较多，告诉我好多道理，我遇到困难，他也会帮我解决什么的。而且像这种朋友也会让人觉得很安心，纯粹的志同道合，再说我一个男生又没钱，也没什么可图的，而且我们也没见过面，又不用担心说的话会被泄密。他就只是纯粹地想帮助我，所以我会觉得这种关系很可贵。

父母独白

妈妈说："我只能做些力所能及的事情。"

我当时极力要求，也没有得到天佑的抚养权，我知道我的条件不如他爸爸，但我有爱啊。妈妈的爱是最重要的，是其他人都不能取代的，可惜我没有能力争取到抚养权，你知道我当时有多绝望吗？我甚至连见孩子的勇气都没有了。

现在情况比我想象的好，他爸爸对他还凑合，虽然没有细腻的呵护，但物质条件还是不错的，衣食住行都不用愁。就是他们父子老闹别扭。我儿子说，他爸成心为难他。天佑每周来我这儿，我每次都劝他，叫他别跟他爸闹，犯不上。所以他每次来时，我就变着花样给他做饭，他想吃什么，我给他做什么，不会的我就上网学，一定满足他。我给他织毛衣，现在孩子不爱穿自己织的毛衣，我也织。穿不穿是他的事，织不织是我的事。他即使不穿，我也高兴。我每次都给他拿些钱，钱不多，可那是我的心意。孩子不要，说他爸给的钱都花不完。我就让他攒着，没准什么时候用上呢。总之，我只能做些力所能及的事情。

爸爸说："我一直努力改善与他的关系。"

在我和他妈之间，他更喜欢他妈。虽然把他判给我，他住我这儿，由我管，但我能感觉得到，他心里惦记他妈比我多，也许天天住在一起，他不用惦记我。但我很清楚，自从我跟他妈离婚，这孩子心里对我有想法，他不说，我也能看得出来。我一直在努力改善与他的关系，比如跟他聊天，带他出国旅游，陪他去校外社团。总之，只要时间允许，我从不推辞。但效果不佳，他很少跟我交流，我跟他之间也容易起火，主要是他老跟我戗着，好像我欠他什么似的。慢慢来吧，他总会长大的，有些事，有些话，等他再大一些，我再跟他说。

爸爸说："我盼着他长大了能理解我。"

也许是听了别人的议论，也许是听了他妈妈的抱怨，这孩子就是觉得我有了别的女人，把他妈妈抛弃了。还认为他继母是"小三"，破坏了我和他妈妈的感情，是我背叛了他妈妈。世界上的事哪有这么简单啊。

不过我现在跟他说什么都没用，他毕竟还小，只有十几岁，他根本不可能懂得感情这类事。等他大一些吧，大一些，他自己有一些感情经历了，对理解我和他妈妈之间的感情问题就能深刻一些。我盼着他长大后能理解我。

|| 解读与点评 ||

父母僵持不下，对孩子伤害最大

天佑的挣扎、纠结与痛苦主要源于他父母的僵持不下、互不退让。这对父母离婚时，有很多互不妥协的环节。妻子因丈夫"红杏出墙"对丈夫不依不饶，宁肯打架也不放手这段感情；夫妻争夺孩子的抚养权，妻子以死相逼；夫妻争执孩子的抚养费，拉锯纠缠，互不相让。父亲介意孩子见母亲，从中作梗，令孩子心存芥蒂。这些分歧、矛盾、斗争、对抗，始终把孩子夹在中间，不但在孩子面前上演一场场争斗大战，更令孩子身不由己，左右为难。

孩子痛苦的关键不是父母离婚事件本身，而是由父母婚姻不和引发的剪不断、理还乱的亲情关系。孩子不知道相信父亲还是相信母亲，孩子很为难支持爸爸，还是支持妈妈。在这些混乱夹杂、形如乱麻的关系里，孩子深陷搅扰，充满困惑，不知所措，担惊受怕。这是一种不确定、不明朗、不清晰的关系状态，是一种具有破坏性，导致相互伤害、恶性循环的关系状态。

因此，当婚姻确实难以维系的时候，双方一定要理智、清晰地了却这段关系。走出相互纠缠，有所妥协，有所退让，讲理讲情。切记不要长时间纠缠在利益小事上互不相让，到头来，争来的是一笔钱、一间房，失去的可能是孩子对生活、对家庭、对亲情稳固的相信与坚持，丧失的可能是孩子对未来生活的信心与勇气。

善意的最好状态是尊重当事人的需要

天佑老师出于善意，把天佑父母离婚、家庭为难的状况告诉了几位班干部，目的是让他们关心天佑，理解天佑。结果却事与愿违，非但没有得到天佑的接受和感谢，反而让他封闭自己、疏远班级。之所以出现这样的结果，与青少年阶段的心理状态不无关系。

青少年时期，心理高度敏感，既需要得到他人的帮助，又不希望暴露自己的无助；既希望获得别人的理解，又不希望被别人同情或低看；既希望有知己有闺蜜，又不希望自己的内心被完全看透，毫无隐私。这一切都源于青少年还处于成熟与不成熟、自信与不自信的过渡阶段。他们还在摸索人生，还在尝试体验生活，还在观望社会，有诸多的不确定和不明朗。

所以，助人者要想达到预想的助人效果，一定要深刻了解和揣摩当事人的心理状态、发展程度、社会化水平，由此了解和理解他们的需要到底是什么，可以接受的帮助到底是什么，能够搭建的关系到底是什么。以当事人的需要为出发点，以当事人的利益为原则，切记不要想当然，主观推测，好心办坏事。

网络连接可以成为支持力量

当代青少年与上一辈的巨大差异之一是他们生活在网络时代，网络生活成为他们生活内容、生活方式、生活选择不可或缺的部分。通过网络，他们可以解决吃饭问题、穿衣问题、交友问题、学习问题等，因此借助网络寻找并建立自己的社会联系，形成自己的社会支持网络，既是这一代孩子便捷的生活方式，也是他们的一种选择。

正如天佑，当现实生活中无处表达、不便于宣泄的时候，他通过写博客来表达自己，抒发情绪。这样做，不但有利于自己的情绪得到释放和疏解，还能获得好心人的理解、安抚与共情。他们帮他化解困惑，厘清认知；帮他了解自我，认识他人；帮他梳理问题，寻找方法。总之，借助一群网络朋友的支持与理解，天佑很快走出了心理危机。另外，他还交到了小奇这样的知心朋友，虽然从未谋面，但两颗心紧紧相连，心心相印。小奇的建议与指教成为天佑面对生活的强大力量，犹如雪中送炭、迷途灯塔，成为天佑的精神支柱。

4 读书为我的人生打开了一扇窗

"书是人类进步的阶梯。""腹有诗书气自华。"古往今来,赞美读书对人生的重要意义的名言警句比比皆是,也得到了人类的一致认可。喜欢读书的青少年、养成读书习惯的青少年,意味着为自己的人生打开了一扇窗,装上了飞翔的翅膀。当他们苦闷无助的时候、当他们心情沮丧的时候、当他们犹豫不决的时候,读书,有利于释放压力,帮他们沉静思量,有助于辨别方向。从前人、他人的人生故事中获得启迪,寻找力量。

家庭故事

姑嫂争房，爸妈离婚了

雪莉高二的那个暑假，她父母离婚了。原因是爸爸唯一的姐姐离婚后带着儿子回娘家住，雪莉妈妈担心大姑姐跟自己争房产，便怂恿丈夫让公婆现在就做公证，在二老百年后将房子留给儿子。婆婆觉得手心手背都是肉，也不知道将来能依靠到谁，所以不同意写。可雪莉妈妈等不及，天天让老公催，弄得家里人都很不开心，鸡毛蒜皮的小事都能成为家庭大战的导火索。在这之后没多久，雪莉妈妈的娘家传来了占地的"好消息"，雪莉的外公、外婆又没有儿子，自然将所有财产都分给两个女儿。占地后，雪莉妈妈在地段较好的位置分得了一套大房子，还得了不少的占地费，这一下子激发起她对更高层次物质享受的渴望。再回头看看自己那个拥挤不堪的家，充满了剑拔弩张的火药味，她便不怎么回家了，经常一个人回自己的大房子住。雪莉还由她爸爸和奶奶照顾着，没多久，雪莉妈妈决定与雪莉爸爸离婚，她什么都不要。

读书能让自己忘掉烦恼

雪莉也因为父母离婚痛苦过，她一个人窝在床上偷偷地哭，委屈自己没有一个和谐美满的好家庭，怨恨妈妈的见钱眼开和见利忘义，她怎么能为了更好的物质生活就狠心抛下自己和爸爸呢。可她知道泪水是没办法解决问题的，太阳明天依旧升起，日子还得一点一点地过，那么，心烦意乱怎么办？就看书吧。

从小到大，雪莉最喜欢干的事就是看书。不识字的时候，爸爸会给她讲书上的故事；稍稍长大些，爸爸就带着她去书店看书、买书，他们经常能在书店待上一整天，只要她表现得好，父母奖励她的方式就是买一本她喜欢的书。后来她功课压力大，不能总在周末去书店，父亲就给她买了个电子阅览器，让她可以随时随地看电子书。她真的可以做到一天不吃饭，但从来做不到一天不看书。每天写完作业，她总会趴到床上看上一会儿，着迷时甚至会误了睡觉的时间。在学校也同样如此，课下，当别的同学都在打闹或是写作业时，她就把书拿出来看一会儿。她什么书都喜欢看，人物传记、文学小说、地理百科、哲人哲理、旅游生活……来者不拒。每每读到动心之处，她就将自己的所思所想写下来，做成漂亮的读书感悟，家里专门有一个箱子，放着她这些年的读书感悟，足足有二十多厚本。也许正是因为看书吧，让她可以在书中寻找解决烦恼的答案，让她增长知识经验，帮她屏蔽掉那些扰人的信息，还她一方宁静与淡然。

孩子心语

雪莉说："我妈见钱眼开，她不值得我和我爸挽留。"

我爸和我妈，他们当年是经过别人介绍认识的，我妈住的村离我爸家不远。我妈觉得我爸挺本分，会疼人，还会做饭，于是，两个人就好了。结婚后我妈老在外面上班，我基本上是我爸看大的。后来我妈升职了，挣钱多了，就老嫌我爸挣得少，还挤对他。这之后我姑姑离婚了，她和我哥搬回来和我们住在一起，我妈担心以后姑姑会抢这房子，所以就希望我爷爷奶奶能先立遗嘱把房子给我们。爷爷奶奶不肯，想等到以后再说，她就挺生气的，从那会儿开始都不管我奶奶叫"妈"了。家里人的关系一下就变得紧张了，她老回娘家，因为我姥姥那边拆迁，给了三套房，还有一笔可观的补偿费，妈妈也分到了一套房，有时候就自己去那边住。没多久她就和我爸提出离婚了，他们离婚，我肯定是跟着我爸，可我爸总觉得对不起我，觉得是自己没本事，既没钱又没能力给我一个完整的家。我就跟我爸说："人的本性是很难改变的，当时我妈家穷，您又会做饭，还那么会照顾人，而且是城里人，她肯定愿意和您在一起。现在她有钱了，要去追求更好的生活，这就是人的本性暴露，这事不能赖您，不值得为了她让自己难受。"

雪莉说："心烦的时候，我就看书，然后心就静了。"

心烦的时候就看看书，其实从小我就喜欢看书，应该说是一种习惯了吧。我对小时候没什么记忆了，但我总有个印象就是晚上上床后，我爸搂着我给我讲故事，讲的什么不记得了，但是那种感觉特别好。后来等我长大了，周六周日他就会带着我去新华书店看书，然后给我买书。我们家床下面都是我看过的但舍不得给人的书。这样慢慢就养成了看书的习惯，我老想看书，有时候在家上厕所都看，不是看那种教科辅导书什么的。我看书很杂的，什么都看，历史、哲学之类的书，老学者看的书我都看。看不懂就放着，有时候遇见一个场景突然就想明白了，其实这就是人生哲学。对我来说，读书特别长经验，而且，看书也会让我不再想那些乱七八糟的事了，让人心里特别纯净，还会让人的眼光变得犀利，很多事能看透了，也就不会觉得有多难受了。

| 父母独白 |

妈妈说："什么叫见钱眼开啊，那是我该要的。"

以前我没觉得他那么窝囊，只觉得他人老实，在单位里从不与人争风吃醋，我认为是他的优点。遇到事了，别提他多窝囊了。他爸妈说什么是什么，一声不吭。大姑姐离婚回来，当时我就有意见，一套三居室住三家，没法住啊！后来看着她可怜，又禁不住我老公不厌其烦地说，我就同意了。一回来我就感觉不对，天天在我公公、婆婆面前说好话，把老两口哄的，很快就找不着北了。

我只是提个建议，把房子的事提前说清楚，他们就跟我吵了。全家人跟我对着干，我老公站在他们一边，根本不替我说话。不停地吵架、吵架，吵得我烦了，干脆就分开过！

爸爸说："她不顾及孩子，我得顾及孩子。"

当时之所以不想提房子的事，关键原因是女儿要上高三了，多重要啊，为什么不能缓缓呢！她就是不干，非得着急分房子。我爸妈没说，我姐也没提，就她着急。还嫌我不站在她一边，这完全是成心找事，弄得一家老小不得安宁！她是做生意的，把钱看得特别重，跟家里人谈钱，还那么着急，这就没意思了。她先提出离婚的，离就离吧。

爸爸说："孩子挺像我的。"

孩子小时候，我带的多，她妈在外面跑，孩子基本我管着，跟我感情深。这孩子最大的爱好是读书，小时候经常给她读书、讲故事，每周末都带她去书店，哪怕不买也会在那儿泡半天。她可喜欢看书了，一看就看半天，像她那么小的孩子爱看书的不多。从小就养成了爱看书的习惯，一直保持到现在，她跟我说："书里的道理比你们讲得明白多了，境界也比你们高。现在，读书已经不仅仅是长知识了，还能帮我改善心情，心情不好的时候，读读书就好了。"

‖ 解读与点评 ‖

读书可以帮助孩子看向远方

父母为孩子创造的世界毕竟有限，如果有一对目光短浅、见利忘义的父母，就更有可能束缚孩子的心灵、阻挡孩子的眼界、妨碍孩子的脚步。所以，我们经常说，父母一定要读书，用丰富的知识充实并点缀自己有限的视野与心胸，这样的父母才不至于妨害孩子的成长与进步。

退一万步讲，如果父母本人确实没有养成读书、思考的习惯，也要想方设法为孩子建立或形成阅读的环境与习惯。也就是说，父母可以将孩子带入读书的氛围，引领孩子进入读书空间，由此培养孩子的读书习惯。

图书包罗万象：远古眼前、天空土壤、人物故事、天文地理、浩瀚星球、蚁穴奥妙等。因为进入图书的海洋，孩子的眼界与胸怀就能超越当下、超越自身经历、超越个体思维，与伟人对话，听古人琴声，与智者交流，听自我心声。正是这些不断听他、读他、听己、思己的过程，帮助我们的孩子拥有并经历丰富多彩的人生，不会停留于悲悲切切，患得患失。

父母留给孩子最宝贵的财富是人品

很多父母是从艰苦环境中走出来的，曾经经历过物质匮乏、捉襟见肘，为此他们会本能地积攒财富、占有财富，既是补偿自己曾有的缺失，也是为孩子做好储备，防止孩子再次经历自己曾经有过的不幸。从为人父母的心理来说，可以理解，但结果未必遂人心愿。

当今孩子与父辈最大的不同是，他们没有经历过物质匮乏。他们从一出生就享受到了商品的极大丰富，物质应有尽有，信息应接不暇，所以现在孩子面对的是物质过剩，以及由此引发过多的需求。如果不对过多的需求加以必要的节制和自律，人就会成为需求的奴隶、物质的奴隶，被本能牵引着、被物欲驱使着随风漂流，没有方向。

因此，帮助孩子觉察心灵、感悟自我、建构主体、形成自律就显得尤为重要。因为面对物欲横流、诱惑无穷的世界，归根结底靠的是孩子自己能够清楚并把控自己的定位、自己的方向、自己的需要和自己的取舍。而这些能力与品质的养成，关键在于为孩子打造一种积极、健康的人品。未来世界，孩子靠人品生存，而不是靠财富生存。

第七章

我们也是正常孩子

1 父母离婚对我的影响有限

我们并不倡导离婚，更不鼓吹离婚大有好处。我们愿意面对现实，面对十多年居高不降的离婚率，面对生活在离婚家庭的成千上万的孩子，了解、探查、思考、解析离婚给孩子带来严重伤害的同时，我们更关注的是有没有可以挽留的部分，有没有值得挖掘的资源，有没有必须改变的观念。当婚姻不可挽回的时候，当离婚已成定局的时候，当伤害与损失不容回避的时候，还有哪些可以补救、可以开拓、可以挖掘的资源与机会。这是我们选择的视角与方向。

| 家庭故事 |

与爷爷、奶奶更亲近

乐乐父母的工作一直特别忙碌,乐乐出生后,她由爷爷奶奶一直抚养,他们祖孙三人在东北老家生活,爷爷身体不好,奶奶主要负责她的生活起居,生活费也由爷爷奶奶承担,从喂牛奶、喂稀饭,到教乐乐咿呀学语、识图认字,都是奶奶一点一滴精心完成的。在乐乐幼时模糊的记忆中,老家的冬天特别冷,奶奶会把她用小被子裹好放到床上,喂她吃热乎乎的菜粥。爷爷歪在被子旁,用胡茬儿轻轻地扎她,逗她咯咯地笑。只有逢年过节乐乐才会见到爸爸、妈妈。等到乐乐要上学了,爷爷奶奶才恋恋不舍地将她送回到父母身边,所以,其实乐乐对父母并没有什么感情。

一个人生活很习惯

父母工作实在是太忙了,乐乐从小学开始就是自己坐公交车往返于家校之间,她清楚地记得,上一年级的第一周,妈妈天天接送她,告诉她要怎么坐车。从第二周开始,她便一个人上下学,妈妈在她的校服口袋里放了一张家庭住址的纸条,防止她万一不认识路了,可以找司机或者警察问路。父母会给她零用钱,让她自己买早饭和晚饭——乐乐放学回到家,也是一个人,她吃过晚饭，写完作业准备睡觉时，父母才会回到家，所以乐乐与父母的沟通非常少。周末，当其他小伙伴和父母出去玩的时候，乐乐则要去学钢琴和上学业辅导班，她很少有时间待在家里过周末。乐乐特别独立，自己的事情自己做主，她的中考、高考志愿都是自己收集资料、认真分析之后决定的。之所以会这么独立，她觉得是拜父母所赐。

四年级时，乐乐父母离婚了，她和妈妈过，爸爸搬了出去。对她而言，生活几乎没什么变化。妈妈依然很忙，无暇顾及自己。乐乐一如既往地独自一人上学，买早餐，在学校吃午饭，放学路上就把晚饭吃了或是回到家里叫外卖。自己写作业，写累了看会儿电视，洗澡睡觉，把脏衣服放进洗衣机，周末由妈妈洗，或自己洗。她已经习惯了自己安排自己的生活，虽然比较孤独，但也少有打搅。

| 孩子心语 |

乐乐说："我和他们一直挺疏离的。"

尽管我们住在一起，但我跟他们的交流不是特别多，因为他们工作忙，累一天回家后也就不会和我说什么了，而且他们都是不善于表达的人，所以他们离婚就离婚了，肯定对我多多少少有点儿影响，但是相对于那些跟父母关系比较好的孩子，他们会有很多不开心，很多舍不得，我就不会有那种感觉。

乐乐说："有我爷爷、奶奶在就行"

我一出生就和爷爷、奶奶一起在东北老家生活，爸爸妈妈回到B市继续工作。等我上小学时我才回B市的，其实我挺不适应也不喜欢，因为要离开爷爷、奶奶。我就跟两个"陌生人"一起生活，后来他们离婚了，逢年过节我爸和我继母会去看我爷爷、奶奶，我也会去，总会遇得到，也没什么特别的感觉，自己还是和爷爷、奶奶亲。

| 父母独白 |

爸爸说："生孩子时，我太小，还没做好当父亲的准备。"

我当爸爸的时候才22岁，我老婆比我大2岁。不知不觉就有了孩子，老人说："有了就要了吧，家人帮着照看。"就这么把孩子生了下来。说老实话，我没做好准备，我稀里糊涂地就当上爸爸了，我自己还是个孩子。我完全没有做好当爹的准备，所以孩子一出生，全部是我父母管，吃什么，喝什么，什么时候加衣服，什么时候减衣服，我从来没管过。加上我很快就出国了，对孩子真的没尽什么心，所以这孩子对我感情很淡漠，我一点儿都不觉得亏得慌。

妈妈说："孩子跟她爷爷、奶奶亲，对我都无所谓。"

离开她的时候，她太小了，也就几个月大。当时打算出国留学，最后也没实现。虽然读了一些课程，但离拿学位还挺远的。我是想再努把力，争取读一个学位，我老公觉得我底子太薄，基本没有可能，在他的打击下，我也没有坚持下去。现在想想还是挺后悔的。

回国后，我们自己做生意，干得还是挺不错的，一年就盈利了，这在我们这种行业里挺少的。我得说，我老公是个做生意的料，这一点我还是挺佩服他的。可是，我们俩对孩子就比较失败了，这孩子跟我们俩没什么感情，就像不是我俩生的似的。我和她爸在她心目中都没什么地位，反而跟她爷爷、奶奶更亲，一切都听老两口的。

|| 解读与点评 ||

子女与父母尚未建立亲密关系

生活中,像乐乐这种情况的家庭不在少数。由于工作繁忙、人口异地流动等实际问题,很多子女自打出生起就是被爷爷、奶奶等亲属,或者是保姆抚养长大的,还有一些子女长大到一定年龄才回到父母身边一起生活,但父母对其照顾有限,尽管生活在同一屋檐下,但感情沟通较为缺乏,子女仍然是和原抚养人关系密切。这些孩子尚未与父母建立亲密的情感关系,对他们而言,与父母的弱联系减少了由父母离婚所带来的相对剥夺感,他们仍然会和自己的直接抚养人生活,所以,尽管成为了离婚家庭的孩子,但对其而言,生活并没有发生什么实质性的变化。相反,这类子女表示,自己的爷爷、奶奶等直接抚养人的生病或者去世,将会导致自己陷入巨大的痛苦之中。

子女缺少与父母共同生活的体验

很多子女在接受访谈时表示自己并不知道父母是在其多大时离婚的,因为那时候自己太小,还没有记忆。自打他们记事儿起,就是跟随父母一方单独生活的,又或者是跟随家中其他亲属生活的,他们所形成的对于家的概念,就是这种"不完整的家庭结构"

的生活模式。因此，父母离婚并没有在他们的日常生活中造成影响，子女们也没有感受到因父母离婚前后对比所导致的落差感。尽管通过媒体或是他人经验，他们会想象与父母一同生活的"美好景象"，但毕竟没有真正感受过，所以这并不会对子女造成实质性的伤害。而这也很好地解释了乐乐为什么对自己的父母无感，对爷爷、奶奶一直很亲的原因。

理性处理离婚使子女减少损伤

有研究者统计了我国夫妻离婚的主要原因，分别是出轨、家庭暴力、性格不合、亲属间关系不睦、不良嗜好等，伴随思想开化，越来越多的夫妻意识到离婚并不能归结于某一方单独的主观责任，离婚是由复杂的社会背景、家庭成员关系及客观事件导致的，因此越来越多的夫妻能够在离婚后对另一半保持尽可能客观的看待，对其做出合理的评价。这也就为他们在离婚后建立较为融洽的关系提供可能，他们会向子女客观地解释离婚，不会阻止子女与非抚养方的见面或互动。对子女而言，这无疑是一种保护：他们不必成为"夹心饼"——被父母当作中伤对方的工具；也不会成为"垃圾桶"——听父母对另一方的诋毁抱怨。

2 离婚是一把"双刃剑"

长久以来，我们社会的公共舆论始终关注的都是离婚不好的一面、有害的一面、对孩子伤害的一面。凡事都是有两面性的，在单纯抨击离婚、历数离婚恶果并不足以节制离婚，也不足以减少离婚危害的前提下，转换思维，从危机当中寻找契机，从不幸当中发现万幸，这是积极心理学倡导与推崇的视角与方向。有利于提醒人们对离婚问题进行全面思考，为离婚父母营造宽松的社会氛围，为离婚家庭的孩子创造更多的机会。

家庭故事

因为是女孩儿，遭爸爸嫌弃

小齐的爸爸是军人，退伍转业到工厂工作。小齐出生前，小齐爸爸盼星星盼月亮，希望妻子能给自己生个儿子。不但他自己这么想，其他家人也都这么想。所以，家里给准备了一水儿的男婴用品，他变着法儿地让妻子吃酸的东西，"酸儿辣女"嘛。就算妻子不喜欢吃，他也软磨硬泡地哄，总是说"多尝尝，吃习惯就好了"。他听信老家的偏方，让妻子在墙上贴上男宝宝的海报，每天早晨醒来和晚上睡觉前要在心里默念三遍"我怀的是男孩儿"。与亲朋好友聊天时，他总说"等我儿子出生了……"一口一个儿子地叫着。所以当小齐妈妈被推进产房时，小齐爸爸担心的并不是妻子的安危，而是用了这么多方法究竟有没有用，妻子能不能生出儿子。当护士出来送信儿，说他妻子生了个女儿时，小齐爸爸的情绪瞬间跌落到谷底，心灰意冷，他都没等到妻子被推出手术室，就一个人回家了。

家里终于消停了

对小齐而言，父母离婚时，她没有丝毫的失落，相反，她很开心，从未有过的踏实。想到与妈妈的新生活，她兴奋不已。

小齐妈妈坐月子时，夜里起来喂奶，给孩子洗涮，小齐爸爸没有出过一点儿力，没有搭过一次手，这让小齐妈妈倍感委屈，心里很难过。没过多久，小齐爸爸认真地跟小齐妈妈商量，再生个二胎，小齐妈妈坚决不同意，于是两个人发生了激烈的争吵，小齐爸爸居然动手打了妻子。自那之后，小齐爸爸经常找碴儿与小齐妈妈吵架，甚至大打出手。在小齐的记忆中，家里就没有安静的时候，小齐爸爸会因为小齐妈妈菜做咸了掀桌子，会因为晚饭没有炒菜跟小齐妈妈动手。她自己也没能幸免，小学时她几乎每周都会被爸爸"教训"一顿，原因稀奇古怪：字写得不漂亮，吃饭没端碗，衣服穿脏了……父母离婚后，小齐特别开心，她和妈妈搬到了一个爸爸不知道的地方住下，房屋虽然很小，但被娘儿俩布置得很温馨，家里没有了打打闹闹的声音，一切变得温馨、安静，这实在是让小齐觉得快乐，她可以更加全身心地投入学习中去，成绩都提高了。

| 孩子心语 |

小齐说："我爸就是个疯子。"

我爸就是个疯子，我出生前他就一直盼着我是儿子，然后还用了很多也不知道从哪里弄来的偏方，让我妈怀儿子。我妈曾经担心过，就问他："万一是个女儿怎么办？"他都没等我妈把话说完："不可能有万一，一定是儿子。"他就是个疯子。后来我出生了，他特失望，我妈说我小时候他都没有抱过我，更别提给我喂奶、换尿布了。他从来没带我出去玩过，在他看来，带我出门是件特丢人的事，就因为我是个女孩儿。

小齐说："他总找碴儿和我们吵架。"

慢慢地他喜欢上了喝酒，喝多了就找碴儿和我妈吵架，还动手打我妈，有时连我也打。再后来就不管是不是因为喝多了他就找碴儿，在家里就开始吵开始打。住平房那会儿，邻居们相互都认识，大家还会帮着劝劝，后来就住楼房了，大家都不认识，也就没人管了。他们离婚的时候我其实特高兴，总算不用面对我爸了，家里终于能清静清静了，当时就是这么觉得的。虽然我妈挣得少，但和我爸之前那会儿天天闹比起来，这都不叫事儿。

父母独白

妈妈说："我们打架，吓坏了孩子。"

听说过重男轻女的，但真没想到他这么过分，就嫌我没给他们家生个儿子。没儿子，不顺心，遭老人埋怨，就来找我出气。

我忍了他好多年，后来他连我闺女都打，这样的日子无法再过了。跟孩子有什么关系啊！我闺女说他是疯子，想儿子想疯了，没儿子急疯了。

妈妈说:"离就离吧，躲他远远的，这辈子都不想再见他。"

好多年，天天吵，一天都没有消停过。那怎么过日子啊！没法过。孩子跟着憋屈，每次我俩打架，孩子就哭，让孩子整天担惊受怕的，这不行。我现在已经觉得挺对不起孩子的了，应该早点儿离婚，早点儿离开他，对孩子的影响更小一些。现在孩子已经上初中了，就是比别人胆小，遇事总是缩着，不敢主动。为这事，我挺替孩子着急的，正在想办法帮助她。

|| 解读与点评 ||

风险规避与及时止损

健康的家庭可以为子女提供教育、抚养、感情交流、休闲娱乐等方面的支持，以此创设稳定的、适合于子女成长发展的环境。一般来说，实现这些家庭功能需要以一定的家庭结构为基础，即在家庭结构稳定的前提下，成员之间建立牢固的情感关系与支持，使家庭功能得以正常发挥。但这种联系也具有两面性，倘若家庭结构动荡、成员关系紧张冲突，对家庭功能的影响也会极其消极，给子女带来更多的风险，其危害比离婚要大得多。小齐妈妈已经意识到，与其苦苦维持一段消极的婚姻，生活在紧张、对峙、焦虑、尴尬的环境中，对当事人甚至孩子而言都是心理折磨或精神消耗，倒不如离婚，让家庭成员从感情、物质等方面获得解脱。此外，及时终止不幸的婚姻有利于规避家庭风险因素对子女成长产生阻碍作用，小齐妈妈和小齐爸爸离婚后，小齐和妈妈的生活变得安静了，爸妈的争吵消失了，这让小齐能够全身心投入学习中去，学习成绩也有了显著提高，可见及时止损，结束坏婚姻不失为一种合理的选择。

社会关系与资源更新

离婚导致家庭结构发生变化，同时也迫使家庭成员对原有生活习惯、人际关系与互动模式做出调整，他们会从环境中汲取信息、人力等各种资源，当资源贫乏时，为渡过困境，他们必须发挥主观能动性去创造、改善周遭环境，解决新问题、适应新环境。离开原有家庭，可能有一段时间单独生活，也可能进入新婚姻，开始新的家庭生活，对大人、对孩子，都意味着重新开始，创新生活。环境变化与个人能动性的发挥可以造就一股合力，促使原有家庭的社会关系与资源得到更新，为家庭成员带来新的可能性与多样性。

小齐爸妈离婚，她和妈妈搬出原址，到新地方生活，转到新学校。同学、老师是新的，街坊邻里是新的，社区资源是新的，连走的路、坐的公交车、买东西的超市、看病的医院都是新的。这意味着小齐必须建立新的社会关系，进入新的社会连接，为自己组建新的社会网络和支持系统。同时，为了适应新生活，要努力挖掘周围的新资源。比如，新学校的图书资源、朋友资源、老师资源。又比如，住家附近的生活设施、文化场馆、体育场所等。即使仍然生活在原来的城市、原来的社区，也会因为家庭关系的变化而需要小齐走出原有家庭，原有亲属结构，进入新结构，结识新面孔。

积极反思与获得成长

无论对方多么过错、多么无良，需要谨记的是婚姻从来不是一个人的事，即使作为离婚中委屈的一方、受损的一方、轻责的一方，我们也有必要反思自己：认识是否全面、判断是否准确、选择是否谨慎、遇事是否冷静、应对是否及时、沟通是否顺畅、表达是否擅长，等等。而这些都需要当事人从自己方面充分反思，获得成长。反思与成长的目的在于，生活还要继续，我们不能在今后的生活中重蹈覆辙；我们需要自己成为生活的主人，有能力把控生活；我们需要婚姻，更需要人生，使婚姻成为人生的精彩，但不要为了婚姻而生活。

  一定意义上，小齐是父母离婚的受害者。但如果小齐与妈妈单独生活后，妈妈能够从上一段婚姻中总结经验，吸取教训，反思自己过往的不慎与草率，并将自己对生活的认识与思考与女儿交流，转化成教育女儿、引导女儿的素材与经验，同时，帮助女儿谨慎面对婚姻，巧妙设计生活，积极应对人生，不但有利于将离婚伤害降到最低，更有可能成就女儿成熟和丰富的心灵，成为女儿人生路上的加油站和引路人。

3 父母离婚使我长大

　　苦难是一所大学。是的，没有人喜欢苦难，没有人能预知自己可能面对怎样的苦难，但绝大多数人都会同意，没有人幸运到一生平顺，事事如意。父母离婚是孩子遭遇的一场苦难，如果我们不仅仅站在幸福婚姻的一面，指责离婚，惋惜孩子，而是站在人生多样性、丰富性的一面，挖掘离婚可能对孩子构成的积极作用，尤其是孩子在面对父母离婚的过程中生发出的、激励出的、刺激出的意想不到的思想、智慧、能力或谋略，这可能是更大的成长呢！

家庭故事

父母不是一类人，何必强求

子骞的父母在他 12 岁的时候离婚了，原因是父母生活方式大相径庭。妈妈严谨认真，做事一板一眼，是某事业单位的中层领导。爸爸随性洒脱，艺术浪漫，喜欢思考人生与哲理，他认为读万卷书不如行万里路。随着子骞的长大，爸爸的心越来越野，人越走越远，经常独自远行，几个月漂在旅途中，连个电话都不打。妈妈为此心神不宁，甚为挂念。每当丈夫回京，妈妈与他提及这些的时候，爸爸完全不以为然，甚至指责妈妈大惊小怪，女人头发长见识短。

从子骞上小学开始，爸爸一年中近 10 个月都外出，独自旅行，翻山越岭，露宿街头，画画采风，经常是口袋里的钱花到精光才会打道回府，安生几天。妈妈一个人管孩子，上学送、放学接、周末补习、寒暑假带到办公室，完全得不到爸爸的帮忙。更夸张的是，爸爸的收入根本不足以维系他的外出开销，很多时候还靠妈妈接济。两个人的分歧越来越多，矛盾越来越大，互不理解，互不相让，最后以离婚结束。

父母分开，孩子收获了"双重教育"

爸妈刚离婚时，子骞很不舒服，感觉自己像只被剃了毛的狗——无精打采的。好在这种感觉很快就过去了，他忙于母亲为他报的各种学业辅导班；忙于为繁忙工作的妈妈做饭收拾屋子；忙于在妈妈情绪不佳时照顾她、哄她开心；忙于与朋友网上聊天、嬉闹玩耍……总之他的生活十分充实。妈妈工作忙，子骞必须照顾自己。从最开始的焖米饭、摊鸡蛋到炖肉、烙饼，从费力也洗不干净衣服到换煤气、擦厨房、按时上交水电费，从深感自卑、不敢和同学说话到现在随和大方、见面就熟，他的学习成绩也有了质的飞跃，从初二时的班级学习成绩倒数第五名到高二时的班级第三名。子骞通过努力，让自己有了更多改变与成长，拥有了更多的自信与坚强。

妈妈的行事风格与思想感染着他：做事就要严谨认真，答应别人的事一定要做到，人要独立、要上进，男生要有担当、有责任心。身为满族人的姥爷用家风熏陶着他：做人要正、要有底线，不能投机取巧，更不能有邪的、歪的，要守规矩，"有里儿有面儿"。爸爸云游四海的所见、所闻、所思感召着他：人于世不过匆匆数十冬夏，于宇宙莫及一粒尘埃，要大度、要淡然，要多去感知世界，了解世界，用他人的经历拓宽自己的视野。不同的人给子骞不同的思想，这其中的矛盾一度让他困惑，为了摆脱心里的挣扎，他用自己的思考在不同思想中做判断与取舍，同时将不同人的思想"中和"，并且最终形成了自己独立的人生观、价值观、世界观。

孩子心语

子骞说："我妈给我日常生活，我爸带我看世界。"

其实我妈给我更多的是提供物质上的一个保证，她的思想我并不是很认同，但是我爸更多的是在思想上影响我，在精神方面我爸对我影响大，是他俩的合力反而成就了我。我4岁开始学英语，小学一直学，辅导班离家挺远的，那会儿还有小公共呢，刚开始我妈去接我，后来就我自己去了。小学四五年级就自己坐车去，放了学拎个小包去学英语，再回家，我妈就不管我了。她就是让我自立，自己管自己，后来觉得挺受用的。初二那会儿，突然有一天睡醒了，觉得自己要努力学习了，就跟顿悟了一样，便直接把游戏、篮球都戒了。我特别注重效率，上课一个字都不差地认真听讲，课下写作业，不会就去问，每天把作业先做好了，之后自己还知道做点儿题什么的，这就看出其实我的自制力还是挺强的呢。我妈还挺注重我的技能培养的，比如游泳之类的，她说不是让你干，是让你会，她觉得技能越多今后在社会上的适应性越强。

我爸这边是我"延伸的眼睛",因为我没有时间,走不了那么远,所以通过他的眼睛、他的思想给我带来些精神层面的知识。包括他会通过他去过的一些地方,看到的、得到的感触告诉我,比如,他冬天去翻雪山,从山顶往下滑,差点儿掉进山沟里,最后抱住植被回来了。比如,他在怒江边上,晚上水涨了,困在大石头上过了一宿。给我拍了张照片发过来了,说困在怒江边上了,对面是缅甸的灯火。他所见识的,包括怒江那边是什么族,那里有文面女,那些文面女都已经七八十岁了,他就挨个翻山,给现在还在世的文面女都拍了照片,大头像,然后编上哪个村儿哪个组,有名的写名,没名的写姓,一共50多位,都找到了。他自己建了一个网页,把之前所经历的那些和走过的村落,大家平时听都没听过的地方用相机记录下来,并且配上一些自己的想法。

子骞说:"我爸放养我,我妈圈养我,我中和了他们俩"。

我爸管我属于放养,我妈就是圈养,我爸是成大事者不拘小节,我妈是一屋不扫,何以扫天下,你连细节都成不了,还能成大事?他们就是针锋相对,性格差异大,比如,以前去看我爷爷,我爸就要买大个儿的水果,我妈就觉得大个儿的不一定好,就要买好的,脾气秉性不一样,慢慢积累后他们自然就离了。所以,他们一直都有厉害的冲突,但我这个人很有意思,你要是只放养或者只圈养，那成功的概率估计就极低了，但非常诡异的一件事就是我爸那边放养，我妈这边圈养，那边刚要去解放，这边就逼你一下。他们给我指的路也是相反的，这个时候我就自己想，觉得谁哪点说得对，就照着谁的做，就把他们的想法给"中和"了一下，还不能让他们觉得有受伤的地方，让他们都得能接受，后来结果好像就变成了一种诡异的平衡。

子骞说："人变成什么样，还是得靠自己。"

家庭因素并不是一个主导因素，但家庭中父母的生活习惯、待人接物会传给孩子，孩子毕竟受制于父母，父母怎样，孩子在平时生活中可能没有意识到就会受影响，更多是这些因素影响孩子。但我觉得如果能平时多思考这些问题，其实每个人变成什么样最后都是靠自己的，总不能说离婚家庭的孩子就都是坏孩子或者是弱孩子。像我们家，平时是我妈管我很多，我的思想自然会受她的影响，而且只有她一方教，是顺着她的思维教我的，可能只有50%是对的，但她就认为她全对。这时候孩子怎么办？小时候可能就全都听她的了，但长大了就要有自己的判断了，我认为她不对的地方就会和她沟通，她有时候不认同我的想法，这个时候我就得想办法让她接受我的想法，她改不改无所谓，但是她得同意我不按照她原有的要求去做，在这个过程中，我的沟通、思考的能力就都被锻炼了。所以其实我就觉得无论父母是否离婚，到了初高中阶段，父母千万别把孩子看死了，什么都给他想了、做了，应该让孩子自己去摸索，有些时候他们可以弄得很好的。

|父母独白|

妈妈说："生活让我失去了一个男人，又给了我一个男人。"

我儿子可棒了，各方面都超出同龄人很多。他会做饭、会收拾屋子；女孩子能做的洗衣、做饭他都能行，男孩子能做的换煤气、搬东西他更不在话下。关键是学习一点儿没受影响，成绩始终是班里前几名，连老师都让我给其他家长介绍经验。我跟人家说："我是离婚的，离婚后一个人带孩子，被迫的，我们家孩子是被迫成长。"有一次，我真是这么说的，大家听后大笑。笑后又说："并不全无道理。做家长的要给孩子创造成长空间，要把生活的舞台让出来，让孩子有机会上台、有机会担任主角。"

以前，我没想这么多，还经常抱怨呢，抱怨自己嫁错了人，抱怨那个男人不靠谱。这么多年走过来，都是我自己照顾孩子，有辛苦但收获更大，我儿子成长了，成长为一个顶天立地的男子汉。这是我最欣慰的，我今后依靠他没问题，真的，他什么都会干。

当然了，我也不会完全依靠他，我就不是一个依赖男人的女人，这也是我对孩子影响好的地方吧。

所以，我对离婚没什么抱怨，生活让我失去了一个男人，又给了我一个男人。这个男人就是我儿子！比我前夫年轻，有前途，我这不是赚了嘛。

妈妈说："离婚以后，我很少在孩子面前抱怨他爸爸。"

我很早就想明白了，我们俩之前不存在谁对谁错，就是两个人志趣不相投。细想一想，人家的志趣也没错，喜欢名山大川，喜欢大自然，富有探索精神，积累了丰富的人生经验，挺好的，我还挺羡慕他呢。说到底，这样的男人只是不适合做丈夫、做父亲，但作为朋友，作为同行者，难能可贵。所以，我儿子上高中以后，我经常撺掇他联系他爸爸，最近几年的寒暑假，我鼓励他和他爸爸一起上路。男孩子，多走走，多跑跑有好处，不能只待在家里，待在父母身边，不利于男孩子的成长。

结果真不错，他爸带他去了不少地方，比如，最荒无人烟的地方，最落后偏远的地方。他爸的理由是那样的地方才能看到大自然本来的样子，少有人工雕琢的痕迹。当然，那样的地方肯定不发达。很多次，他俩去的地方没有自来水，没有宾馆，他俩就自己搭帐篷，没有信号，好几天找不到他俩，急得我够呛。孩子吃了不少苦，但他高兴。他跟我说："我终于理解爸爸了，他那种活法更男人，可能不适合做爸爸、做丈夫，但作为接触社会、探索人生的伙伴，太合适了。"

爸爸说："我这样的男人适合给大孩子当父亲。"

理解他妈，理解她跟我离婚，我不生气，我没什么可生气的，本来就是，跟人家生了孩子，完全不承担养活孩子的责任，任何一个女人都受不了。我这个人兴趣广泛，尤其喜欢旅游，不是有一种人嘛——"活在旅途中"，我可能就属于这种人。就喜欢往外跑，喜欢去各种犄角旮旯的地方，越是没有人去过的地方，我就越想去。

早几年，挺为难我前妻的，她得上班，还得管孩子，双方老人又帮不上忙，只能靠我们自己。那时候，我得出外采风，出去的次数确实比较多，没办法，职业特点所致。我这种人确实不太适合结婚，老不着家，一年中没几天在家，后来她提出离婚，立马签字，说离就离，别耽误她。

现在好了，儿子大了，能跟着我到处走。今年暑假，我们爷儿俩骑车走的，我们曾骑到了甘肃了。这一路风餐露宿，还得亏是男孩子，苦点累点没事。要是女孩，我可不敢带出来。那日头晒的，她肯定不干，还不得跟我撂挑子。我儿子说了，每年至少跟我出来一次，他妈挺支持的。我也跟他说了："我这岁数了，陪你一次少一次。"

‖ 解读与点评 ‖

不能共同生活，可以相互学习

婚姻要求一对男女全力合作，从衣、食、住、行到喜、怒、哀、乐，从柴、米、油、盐到身、心、灵、性，只有全面契合的两个人，才有可能成就好的婚姻。很多时候，男女双方各有千秋，各具才华，但常常因为不默契，不吻合，导致双方频道不合，声色不符。也许，作为夫妻变得不再容易，共同生活很是困难。但作为朋友，作为彼此学习的对象却有可能。子骞的爸妈就有这样的特点，个性突出，兴趣反差，使得他们婚姻不保。但他们都有不少优点，都能给子骞教诲和引导，两个人互补的兴趣爱好、生活追求、恰恰满足了子骞的成长需求。爸爸的男人气概，妈妈的女性温存，融合到子骞身上，取长补短，优势互补，反而使子骞体验到非同一般的成长力量。

与其相互埋怨，不如相互成全

婚姻中的两个人，如果分歧很多，兴趣反差很大，往往会导致摩擦与争执。很多夫妻常常被彼此的差异刺激，难以苟同对方的观点与生活。于是沉湎于争论、抱怨、指责，甚至彼此诋毁，到头来伤害感情，刺中心灵，不得已分道扬镳。子骞的父母也有过争吵与纷争，好在比较及时停止了无谓的争吵，尊重各自的选择，回到自己的生活。因此，给子骞创造了比较平静的生活，相对宽松的空间。尽管他不能让父母生活在一起，但他可以自由往来于父母之间，享受妈妈的照顾，体验爸爸的丰富。这是离婚夫妻最为可取的做法，做夫妻，缘分已断，但两个人就是孩子的两个港湾。从有利于孩子成长与发展的角度看问题，尽可能发挥自己的优势，贡献自己的资源，将自己的生活开放，将对方的成见放下，允许孩子进入对方的生活。这种做法，不但有利于降低离婚对孩子的伤害，而且还强化了父母双方的责任和义务，同时将责任义务转化为现实可用的资源，服务于孩子的成长。

因为父母尊重彼此，所以孩子尊重父母

很多离婚夫妻反目成仇，势不两立。为了了却心中之恨，不

惜与前任争斗、报复、制造障碍，甚至将孩子置于中间，让他左右为难，痛苦不堪。这些做法只能导致两败俱伤，伤及无辜，使孩子生活在怨恨中，无力其他。

子骞父母的做法是可取的，两个人的婚姻结束了，但还有共同的孩子。尊重彼此的选择，尊重彼此的人格，尊重各自的生活。我无法像你那样生活，但我可以尊重你的生活，并以相互尊重的态度交往和联系。将各自健康、积极的一面留给孩子，与孩子相处时，把有益的东西教给孩子。这样，他们也赢得了子骞的尊重。子骞明白：父母可能不适合做夫妻了，但他们都是称职的父母，对我都倾注了爱与关怀。使得子骞快乐、自信、自如地与父母交往，并从父母身上汲取自己所需的养分，用实际行动证明了：离婚家庭的孩子一样可以积极成长。

4 离婚危机变成成长契机

当事实不能改变的时候，可以改变的是看待事实的态度。当态度发生改变的时候，人们做出的解释和评价也会随之改变。离婚是一个客观事实，解释离婚、评价离婚可以仁者见仁，智者见智。有人深恶痛绝，有人云淡风轻；有人指手画脚，有人视而不见。但有一种态度是我们积极倡导的：设法将离婚危机转化为成长契机。无论父母还是孩子，经历家庭变故都是人生的一次阅历，主动反思自己在原有婚姻模式中的不足、缺陷或局限，借助面对离婚、处理离婚的机会，改善自己、调整自己、完善自己，获得真正的成长。这也是离婚的积极意义所在。

| 家庭故事 |

他有一个大家庭

晓徽父母是在他4岁时离婚的,他归父亲抚养,但实际上他是和爷爷、奶奶、姑姑、姑父还有一大群表兄、表弟一起长大的。南方农村讲究宗族,家族亲戚住得很近。从小学到初中,爷爷奶奶照顾晓徽的日常起居,有需要花钱采买的就找姑姑、姑父,弟弟、妹妹们是他的忠实粉丝与玩伴。大家很喜欢这个长孙,不是因为他的"地位",而是因为他能给人放心的感觉。从上小学开始,晓徽的学习就没让大人操过心。都说男孩子淘气,特别是像他这种父母不在身边的,更是难管。可他是个例外,成绩好、嘴甜心细,每次奶奶去给他开家长会,听到的都是表扬。在家里也是如此,放学回家帮着奶奶扫院子、喂鸡,长大后有了力气,就承包了家里所有的重活儿、累活儿,不仅做事干脆利落,还特别勤快,连寒暑假也不睡懒觉。平时他会陪着爷爷聊聊天儿,陪着弟弟妹妹玩儿,还能给他们辅导功课……所以,晓徽一直深得大家的喜欢,姑姑更是把他当成自己的儿子养。

父亲在同省的另一个市工作,多年后再婚,有了一个小儿子。晓徽上高中时,父亲为了给他更好的学习条件就把他接了过去,他很快就融入了新家庭，继母挺疼爱这个大儿子，给他买衣服、书本，对他的生活照顾也十分妥帖。3年后，他考到了北京的一所大学，才恋恋不舍地离开了疼爱他的亲人。

只身"北漂"，资深"北漂"

大学毕业后，晓徽在北京一家动画公司做美术设计，月薪5位数。刚开始工作时，他感觉压力很大，工作摸不到头绪，同行是冤家，谁也不会轻易把自己多年的经验教给他。他细心观察，先成为部门里的"好好先生"，很快赢得大家的好感。被大家接受后，他给自己找了一位"师父"，很快入门。工作越干越顺手。领导也很喜欢这位年轻人，有朝气但没傲气，做事严谨踏实，能合作，心里总是惦记他人。两年以后，尽管年龄不大，却已经成为这家公司美术设计团队的骨干成员。

北漂的生活有苦也有乐。毕业时他就发誓不再用家里的一分钱，可是刚开始工作，挣得很少，又要租房子，钱实在是紧张得很，他在城乡接合部与人合租房子。平时自己做饭，带饭上班，是他所在部门唯一一个带饭的男生。晓徽非常节俭，不仅节约用水用电，节约电话费，而且尽量不买衣服、鞋子。那段时间，他连女朋友都不敢谈。他还下了个记账软件，自己做"挑战赛"，看看自己的花销能不能在不降低生活水平的基础上再省一些。日子虽然过得苦，但却乐在其中。特别是当他工作稳定、收入增加后，回头看看自己走过的路，他由衷为自己点赞。

|孩子心语|

晓徽说："我会给她接孩子。"

我爸再婚的时候，也不知道我继母从哪里买来的玩具，就是特新奇的那种，拿着问我："你是叫我妈妈呢还是阿姨呢？"我就说："妈妈。"后来很少能见到面啊，直到我上高中才又在一起的，她给我爸又生了个儿子，我们一起住的时候，我弟弟已经上小学了，他周末还要上辅导班，我继母平时也上班，很忙的，所以，我就帮她去接送我弟，这样她就能歇歇了。

我和我弟关系也特别好，等他长大后，我们经常聊天儿什么的，我们日常生活聊得不是特别多，聊的都是不深不浅的话题，比如，我就跟他说人要有自己的兴趣，要知道自己想干什么。我小的时候练过乒乓球，打过羽毛球，练过跆拳道，不是说家里逼迫的那种，就是自己当作一个兴趣，一个尝试，在找自己的兴趣。我也跟我小弟这样说，我说等你有了自己的目标，你会百分之二百地去努力完成，因为你会特别有动力，你甚至可以废寝忘食。

晓徽说：""无论家里还是单位，大家都给我发'好人卡'。""

我人缘挺好的，就我这个性格别人都会觉得我是好人，然后给我发好人卡。比如，在公司里我不会争抢什么的，其实每个人都不傻，大家谁干了什么谁心里都很清楚，所以，有些荣誉不需要你去抢，是你的就是你的，领导更不傻了。对于那些无关紧要的事，能做的就都多做些，能帮人的就帮一把，不必斤斤计较。特别是男人，要更宽容和大度。在家里也是，因为我是长孙，所以，对弟弟妹妹肯定是要照顾的，而且要给他们树立个榜样，就算不能特完美，但也不能太差了。现在家里的孩子还都比较小，逢年过节回去了，还是要多承担些的，我爸这么多年不在我爷爷奶奶身边，我回去多做些事也是替我爸尽孝……朋友们也经常会聚聚，现在又没结婚，其实就算是结了婚，朋友关系也是要维系的。而且有时候工作压力还是很大的，跟朋友聊聊会很舒服的，他们也会给我出主意，不过只是给我建议，因为他们都知道最后我还是会自己拿主意的。

晓徽说：""不能抱着确切的目的找对象。""

两个人在一起还是要先看感情，尽管物质条件是需要考虑的，谁都希望找个更有经济实力的，但是不能把这个当作首要条件，还是要有感情基础。婚姻又不是买卖，看着条件合适就能在一起的，毕竟三十年河东三十年河西，能同甘共苦最重要。而且在刚谈恋爱的时候别抱着明确的目的，就像我身边有些男生、女生，把条件列得特清楚，然后照着条件找，碰到符合条件的就想方设法地规划进度，就跟我们做游戏程序一样，到某个时间节点就要达成什么样的目的，我觉得这样挺幼稚的，感情进行到哪一步，可能会有个大致规划，但不能那么严格地规定啊。

| 父母独白 |

爸爸说："家里人都很爱他。"

我是家里的长子，我儿子是长孙，对他重视是肯定的。特别是我们南方，长子长孙那可是家里的门面。所以，他的出生就是家里的头等大事，爷爷奶奶别提多高兴了，我的妹妹妹夫们也都很疼他。我大多数时间在外地，在家的时间不多，后来我老婆又跟我离婚了，等于我儿子就没妈了，所以啊，妹妹们就更照顾他了，几个人轮着当妈。

由于是大家族，亲戚都住在前院后街，谁的家都是他的家。

我儿子小时候，随便到谁家都可以吃饭，都可以睡觉，没有人把他当外人。他也很懂事，知道爷爷奶奶辛苦，知道我不在家，不能给我惹事，知道亲戚们都很关照他，所以，他就尽量帮爷爷奶奶做事，带着家里的小孩儿们玩，他就像个小家长，那帮小的很听他的。

虽然我离婚了，但我儿子从来没有缺少过爱，家里的所有亲戚都很爱他，关照他，他是大家族共同的孩子。

爸爸说："我支持他在外面闯。"

晓徽大学到北京读书，毕业后留在北京工作，都是我支持的。他有这个能力，没问题的。他是高一来到我身边的，我仔细观察过他，他是一个有情有义的孩子，也很会与人交往。不自私，往往能够站在别人的角度处理问题。还挺勤快，眼里有活，看见身边、手边有什么活，他绝对不是那种视而不见、故意走开的孩子，他一定会伸手帮忙的。这样的孩子，会招人喜欢的。所以，我就告诉他，大胆地往前走，多出去闯。外面的世界特别大，你要多去经历，男孩子就得有出生入死的勇气。现在的社会多好啊，给年轻人那么多机会，不出去闯闯，会特别可惜。

继母说:"他对弟弟的样子,看不出是同父异母。"

这个大儿子不是我生的,来之前我还真有担心的,担心他不认我,担心他对我、对我儿子隔心隔肺。还真没有,他跟我们都很亲的。他比我儿子大 8 岁,他上高中时,我儿子刚好上一年级,他主动提出接送弟弟。起初我还有些不放心,他毕竟是男孩子,我怕他做事粗心,走在路上带着弟弟瞎跑,再出点儿危险什么的。完全没有,他可细心呢!每当过马路时一定拉着手,让弟弟走在里边,每当弟弟调皮捣蛋时,他会制止他,跟他讲危险性。这个哥哥真是好,像是从天上掉下来的,我都觉得自己太幸运了。

前些年他没有跟我们在一起,一直跟着爷爷奶奶,这几年才来到我们这边,我真觉得有点儿对不起他呢。身边没妈没爸,多可怜啊!没想到他长得这么好,与爷爷奶奶的照顾,姑姑姑父的疼爱分不开。跟我们一起过了 3 年,后来就去北京读书了。我几乎每天跟他联系,即使不打电话,也会发个短信或微信什么的。他一个人在北京,我叫他不要省吃、省喝,家里会支持他的。我平时给他零花钱他不但不要,还会原封不动地退回来。我就等着他找了女朋友,娶妻生子了,我到时候可以帮他带孩子。

|| 解读与点评 ||

弥补家庭缺憾，与社会紧密连接

马斯洛的需求层次理论认为：人的社交需要让我们学会爱、收获爱，让我们找到归属。缺乏必要的情感支持与关系联结，对自我成长极其不利。很多离婚家庭的孩子通过自己的方式与途径，发掘潜在资源弥补家庭关系的不足，修正自己的观念，发展自己的能力，维护和巩固关系。正如案例中的晓徽以自己的隐忍、成熟、懂事赢得家族亲属的照顾与关怀。以自己的耐心、友善、真诚争取家外朋辈的支持与帮助。以自己的宽容、勤奋、自律获得老师的喜爱、邻里的怜爱，等等。总之，通过展现自己优秀的、符合社会常规的品质与素养，离婚家庭孩子完全可以建立广泛的、扩大的关系资源，以弥补家人资源的不足。这些适应性行为、亲社会行为，为他们带来更多的发展机会，帮助他们在人际互动中赢得资源。

积极捕捉时机，自我效能感得到强化

父母离婚势必造成家庭成员的缺损，特别是单亲家庭，无论是爸爸还是妈妈管护，肯定比一对父母管护精力有限，如果存在收入拮据、抚养方个人发展不顺利等问题，孩子得到的照顾、关

心一定会打折扣。从一定意义上来说，这是孩子成长、发展的不利遗憾。换个角度看，单亲父母照顾，精力不足，顾此失彼，自顾不暇，也许恰恰给了孩子自我选择、自我判断、自我发展的机会和舞台。孩子在一个相对自由的空间里施展拳脚，不得不面对更多的挑战，也就必然经历更多的思考与体验。因为没有父母遮风挡雨，没有大人陪伴呵护，没有双亲指点迷津，他们不得不忍受孤独，不得不知难而上，不得不苦中求乐。这一切恰恰练就了他们的筋骨与意志，也激活了他们生活的勇气与智慧。

借鉴父母经验，提前思考未来

面对父母的争吵对抗、亲属的反感抱怨、单亲的捉襟见肘，让他们提前接触爱情、婚姻的不同形态，经历爱恨情仇的复杂多变。生活迫使他们思考，不幸逼迫他们用心，观察父母的言行，体味自己的感受。他们提前思考婚姻家庭、夫妻边界、子女教育等问题，以父母生活为前车之鉴，为自己今后漫长的生活，修正观点，延伸思考，谨慎选择，勇于承担。这种偶然的、被迫的"未来照进现实"，让他们比同龄人显得更成熟。晓徽的经历正是如此，他没有被父母离婚击倒，反而引以为戒，提早规划自己，使得他比同龄人更成熟，更有想法。

依照存在主义心理学之父罗洛·梅的观点：无论是亲社会性的强化、自我力量的见证还是对未来思考的提前，都能让离婚家庭的孩子更充分地活跃于人际世界与自我世界，而这无疑都增加了个人存在感的体验与认知，帮助他们获得身心灵的平静与和谐。危机，是危险与机遇的并存，如果说父母离婚不是孩子的选择，但如何面对、如何应对父母离婚的现实，却是孩子可以选择的。离婚家庭的孩子完全可以通过自己的努力，让危机转化成契机或奇迹。

第八章

离婚家庭青少年研究：中美比较

1 离婚家庭青少年：中国学界的研究

　　从 2002 年起，我国的离婚率逐年升高，2002 年中国粗离婚率是 0.90‰，2003 年达到 1.05‰，2010 年突破 2‰。到 2015 年，我国粗离婚率达到 2.8‰。离婚人数从 2010 年的 267.8 万对到 2015 年的 384.1 万对。离婚家庭、离婚家庭的孩子成为一个不断"壮大"的群体。在传统观念下，离婚家庭的孩子被定义为弱势群体、风险人群、危机人群，人们将他们与成绩差、学习困难、行为偏差、边缘行为，甚至违法乱纪等联系起来，但事实果真如此吗？

　　这个关于父母离婚对子女影响的话题吸引了大批学者进行相关研究。从 20 世纪 90 年代开始，我国学者多以问卷法、访谈法、个案法为主要资料收集方式，对离婚家庭的孩子进行定量分析与质性研究，主要涉及心理学、社会学、人口学、教育学、法学等领域，通过不同学科视角对由于离婚所引发的子女变化、法律问题等进行学理讨论。由于该问题的研究略晚于西方发达国家，因此学者们在探索分析中借鉴了国外已有经验。

离婚家庭孩子研究之立场

对于离婚家庭孩子的研究立场大致可以分为 3 种

第一种是积极立场：父母离婚在对子女造成伤害的同时更为其提供了成长机遇，并且父母离婚后的家庭仍然可以为子女提供保护性因素，例如除父亲/母亲外的其他成年人存在（祖父母、叔叔阿姨或继父母）可以帮助满足孩子的生存性需要与发展性需要，同时为孩子提供更多元的成长模仿对象。上海社会科学院社会学研究所研究员徐安琪与中国婚姻家庭研究会理事叶文振对上海13个区的500名父母离婚的孩子、家长及班主任进行定量研究："婚姻破裂虽对学龄子女的生活福利、学业、品行、心理发展和社会适应有消极影响，但其负效应并非如一些学者所推测或传媒所渲染的那么严重。不少孩子在家庭变故的挫折经历中成长、成熟……家长自述子女的生活安排较差或心理缺陷严重及有严重偏差行为的比重都不高，承认亲子关系欠佳的更为少见，而认为孩子自理能力比一般孩子强、更体贴父母、较节俭、适应性较强及富于同情心的则分别占 30%~40%。"[1]另有学者通过个案访谈法归纳出离婚家庭子女往往具有更强的自立意识、责任感强、更自信、思想开放、协调能力强、看待事物更加理性的特点。

---

[1] 徐安琪 叶文振 父母离婚对子女的影响及其制约因素——来自上海的调查 中国社会科学 2001 (6)

第二种是消极立场：子女能够体验到父母所体验的关于离婚所带来的一切负面情绪，这些负面情绪渗透进子女成长的各个方面，对其造成不良影响。1988年春，林崇德、傅安球等人承担了全国妇女联合会的一项重点科学研究课题：离婚家庭子女心理的特点及其对策的研究。其研究结果表明"父母离婚对其子女心理发展的消极影响，不仅是多方面的，而且是长时期的"[1]。傅安球在《离异家庭子女心理》一书中表示：离异家庭子女与完整家庭子女就人际关系项目相比存在着明显差异，他们不容易被朋辈群体所接受，在群体中人缘较差。在心理方面，离异家庭子女容易出现自我认同困境；性格不稳定与人格扭曲，自卑、自闭较为多发；孤独、焦虑情感体验多；自尊心与自信心水平较低。生理方面体现在神经机能失调。在行为方面，离异家庭子女的自我控制力较差，容易出现偏激行为：冲动、暴力甚至是违规违纪违法行为，同时部分青少年也苦恼于强迫性行为。

第三种是中立立场：研究者认为父母离婚并不会给子女带来明显的积极或是消极影响。离婚本身是一种客观事件，离婚所引发的家庭因素变动才是影响子女发展的原因，家庭因素的功能发挥不当才会令子女出现问题，这也就解释了为何有些离婚家庭子女会出现各种问题，有些却变得更加优秀。

---

[1] 林崇德 傅安球 离异家庭子女心理的特点及其对策研究 北京师范大学学报（社会科学版）1992（1）

离婚家庭保护因素与机制研究

伴随研究细化，越来越多的学者意识到父母离婚与孩子健康成长并非线性关系，离婚本身并不是造成孩子消极发展的罪魁祸首，它仅是造成家庭因素变化的触发机制，并不直接作用于孩子，直接起作用的是由此事件所引发的风险因素，因素与孩子变化之间存在非线性互动过程，现有研究更多是在说明因素与孩子的哪些变化及变化方向、程度有关，但尚未完全解析因素是如何与孩子发生"化学反应"导致其变化的。因此，"未来一段时间内，心理弹性发展研究的重点和热点将是对特定领域的弹性发展作用机制模型的建构"[1]。即研究离婚家庭触发了哪些因素变化以及如何影响子女成长将会成为研究的核心。作为一种不可消灭的家庭形式，与其聚焦于离婚对孩子所造成的创伤，不如积极挖掘该事件能够给孩子带来的潜在成长契机更有价值。

因此，国内学者席居哲依据生态系统观，找寻家庭对子女的保护因素与作用机制。他将家庭层面上起保护作用的因素分成两个亚类，即家庭系统特征与父母特征，并且将已有的保护因素分别嵌入不同系统，搭建具有"抗逆力"的家庭生态环境。这种以家庭整体为单位的研究可以追溯到1979年史订奈特（Stinnett）

---

[1] 马伟娜 桑标 洪灵敏 心理弹性及其作用机制的研究述评 华东师范大学学报（教育科学版）2008 (1)

关于"强有力家庭"的研究，其认为此类家庭具有以下特点：成员间"彼此欣赏；真正享受在一起的时光；良好的沟通方式；尽力使家庭中的其他成员更加愉快和幸福；高度的宗教倾向；以积极的方式应对危机的能力"[1]。1983年前后，奥尔森（Olson）、梅布宾（Meeubbin）、巴姆斯（Bames）、拉森（Larsen）、马克西姆（Muxem）及威尔逊（Wilson）又提出了"复原力家庭"一说，认为其具有3个特质："（1）对于家庭生活中关键事件的认知和有系统的庆祝仪式有助于在危机时提供稳定的效果；（2）家庭的成员具有以坚强持久的信念去控制生活的能力；（3）对于不同活动都建立和维持例行常规，关心和支持、高期望、鼓励参与家庭等。"[2]学者们坚信"复原力家庭"与家庭成员之间是相辅相成的关系，家庭成员的各种主客观因素造就了强有力的家庭保护，而这种保护在个体遇到困难时会为其提供保护作用，促进个体抗逆力发展。这种以家庭整体为单位的保护作用研究可以看作是关于保护因素研究的另一维度，它与个别保护因素研究并行，构建立体学理框架。

在家庭保护机制研究方面，席居哲强调一个变量或因素起作用的途径至少有3种情况：一是直接起作用，二是通过其他变量起作用，三是与其他变量共同起作用。[3]由此诞生了"中介效应"：

---

[1] 席居哲 儿童心理健康发展的家庭生态系统研究 华东师范大学 2003
[2] 胡俊丽 离异单亲家庭初中生心理复原力及其相关研究 河南大学 2010
[3] 桑标 席居哲 家庭生态系统对儿童心理健康发展影响机制的研究 心理发展与教育 2005（1）

无论保护因素还是风险因素，均可能通过两条路径对个体发生作用，一是因素不直接作用于个体的心理社会功能，而是通过其他的因子进行传递影响到个体，这也被称为"完全中介效应"；二是因素不仅可以通过其他因子传递影响到个体，还可以直接作用于个体，这也被称为"不完全中介效应"。此后，席居哲进行抗逆力运作机制研究时提炼出了"抗逆力效应"，其中部分涉及了保护因素之潜在运作方式。具体见下表：

效应名称	内涵
连锁效应	某一个因素的变化发展能够引发其他相关因素变化
缓冲效应	"一些因子可以减缓压力/逆境的消极影响，这些因子具有类似'安全气囊'或'防护气垫'的作用"
中和效应	某些因素本身具有保护性特征，能够减少危机/风险因素所带来的消极影响①
转折点效应	"往往与崭新生活事件相联，新生活事件成为打破此前压力/逆境与消极发展结果间恶性循环的拐点，个体从此走向良性发展轨道"②

此外，还有尚待研究的"累积效应"。已有学者通过定量研究证明，当风险因素逐渐增加时，个体所面临的困境以及消极发展的可能性呈倍数增加，这种现象被称为"累积效应"，以此类比，关于当保护因素逐渐增加后，个体向积极方向发展的可能性是否会呈现"累积效应"尚待论证。

---
① 席居哲 抗逆力（Resilience）研究需识别之诸效应 首都师范大学学报（社会科学版）2014（1）
② 席居哲 抗逆力（Resilience）研究需识别之诸效应 首都师范大学学报（社会科学版）2014（1）

另外，我国学者韩晓燕、魏雁滨在对离婚家庭子女从事个案研究时反思到"目前中国对离婚家庭孩子的研究存在3点不足：忽视影响过程、忽视孩子的主动应变、忽视孩子的主观意义建构"①。研究多从问题视角出发，立足于对策性研究。20世纪70年代，英美掀起了"重新发现孩子"的研究思潮，卡罗·斯麦特（Carol Smart）、布伦特·尼尔（Brent Neale）等学者强调应从倾听孩子们的声音出发进行研究。在对117名离婚家庭子女、父母进行深度访谈后，认为关于离婚家庭研究的"严重影响论实际上是在制造伤害，并强化伤害"②。换言之，既然离婚本身可以被当作无积极或消极色彩的客观事件，那么为什么不研究家庭因素的作用方式，积极发掘离婚家庭子女的家庭保护因素，而是要一味地重申离婚所导致的风险，为离婚家庭子女贴上具有不良发展前景的标签？因此，对离婚家庭子女的研究需要由问题视角逐渐过渡到优势视角，重视过程、倾听孩子、挖掘意义。学者认为，重视研究个体与因素互动的过程研究将会有助于开发离婚家庭的正向发展模式，协助离婚家庭子女健康成长。

积极立场研究下的主要观点

大量研究表明，离婚家庭子女在应对父母离婚这一事件时，

---

① 韩晓燕 魏雁滨 离婚家庭青少年研究——一个独特个案的反思 青年研究 2004 （7）

② Carol Smart,Bren Neale and Amanda Wade.The Changing Experience of Childhood—Families and Divorce,Oxford Polity Press,2001,p:232.

表现出更多的能力与潜力，他们的主要特点有以下几个方面。

自我认知发展相对成熟

父母离婚是家庭遭遇的风险事件，促使子女有机会、有必要较早思考人际交往、生活学习、婚姻恋爱、未来工作等人生议题。孩子可能通过观察他人、阅读、向人求教、自我觉察等方式，追问并求解生活、人生等重要命题。思考多了，尝试多了，他们的相关认知便建立起来，形成相对独立的人生态度与世界观。他们更具有心理上的独立性——乐于且能够独立思考，具有较强判断力和决策力，对自我同一性、自我认同的形成与稳固具有推动意义。

注重积极关系的营造

婚姻解体是夫妻关系出现不可修复的破裂，由此导致关系终结。面对父母关系的微妙变化或激烈变动，子女会很敏感父母、亲属、友情、爱情等亲密关系的发展，善于捕捉关系双方的情感变化，在意人际关系的建立与维持，更容易形成细心、同理心、清晰表达等有助于关系发展的能力。很多案例显示，离婚家庭子女完全可以与父母建立牢固的亲密关系，与朋友、同事建立紧密和谐的支持网络。也正是这些关系，使他们与社会联系更主动、更紧密，为他们形成了一张保护网，预防其产生偏差行为。

独立生活能力强于同辈

由于家庭成员的变化，单方抚养者往往因精力、时间有限会疏于对子女生活起居的照顾，这让他们的自理能力得以锻炼与提升。洗衣、做饭、打扫房间、收拾物品、换煤气、交水电费，甚至是联系房源、租房搬家等，他们都可以做得得心应手。离婚后大部分家庭还会面临收入减少的情况，因此，孩子们在与抚养者共渡难关的同时，也学会了节省与理财，他们对金钱产生了更多的思考，有助于提升自己的财务管理能力。

更加重视自我成长

离婚夫妻绝大多数不是一时兴起，往往有着长期的隐形矛盾或分歧关系，所谓的"冰冻三尺非一日之寒"。长期生活在这样环境中的孩子，看到很多父母自身有待处理的关系、有待解决的问题、有待成长的课题以及有待完善的心理。这些都是为孩子敲响的警钟、拉响的警报，提醒孩子尽早思考人生，积极磨炼自己，弥补父母缺失，避免复制父母，通过自己的探索和省思，达到超越父母，获得新生的机会与可能。这些孩子是被生活逼迫着为成长定向，对人生作答，从他们自己成长来说，可能是件好事。

2 父母离婚对孩子的影响：美国学界的研究

离婚率居高不下正在成为一个世界性课题，与之相伴的离婚家庭的孩子的发展问题也日益引起各方关注。美国社会普遍存在的离婚现象带动了理论界离婚研究的繁荣，20世纪50年代以来研究发展呈现为5个较为清晰的阶段：初始期、停滞期、反省期、繁荣期与脱节期。通过对5个发展阶段的梳理与分析，勾勒出美国学界在父母离婚对孩子影响这一问题上的研究轨迹与主要观点，从中找到值得我们借鉴的分析视角与研究路径。

20世纪50年代以来，父母离婚对孩子的影响问题一直是美国学界热切关注的话题，心理学、社会学、法学、教育学等背景的研究者纷纷进入这一领域，从离婚对孩子的心理伤害、离婚影响孩子的社会发展、司法部门有效干预离婚冲突、教育机构帮助离婚家庭学生减少创伤等层面，展开了丰富与深入的探讨。纵观60多年的研究进程，可以发现一条清晰的发展线路，在此加以提炼、解释与分析。一方面有利于我们借鉴西方学者的研究经验和成果；另一方面，国内同行对同类问题的探讨走过了近30年，但面对20世纪90年代以来逐年攀升的离婚率以及日益增多的离婚家庭的孩子的发展与教育问题，我们的研究仍然显得片面、简单和不足。通过对美国同行研究进程的梳理与讨论，可以帮助我们深化和拓展此类问题的研究，最终服务于离婚家庭的孩子的顺利成长与健康发展。

初始期：关注离婚的负面影响

初始期贯穿于20世纪50年代并波及20世纪60年代初。在美国，离婚率的井喷式飙升出现在20世纪60年代中期，之前的50年代，离婚问题虽然有学者关注，但并未成为研究热点。当时的美国，人们普遍反感和排斥离婚行为，视离婚为一种婚姻错误和家庭灾难，关注离婚的负面结果。司法部门倾向于阻止夫妻离婚，离婚诉讼常常久拖不办，手续繁杂，关卡重重，基本立场是反对离婚、限制离婚，使离婚的司法程序困难且为难。

与这样的社会舆论一致，学术界的研究热情聚焦于呈现离婚对孩子的危害，较为集中的几个研究观点是：（1）父母离婚导致父亲缺位（美国法律坚持孩子利益首位原则，在离婚抚养判决时，首先考虑把孩子判给母亲，由此导致了父亲缺位现象的多发），父子关系残缺对孩子成长甚为不利，尤其对男孩子影响更为明显。（2）单亲母亲面临着一系列困难，如经济压力、精力有限、情绪不良、关系紧张等，使孩子处于不利的生活状态，加剧或激化孩子成长问题的出现。（3）父亲缺位与母亲困境，导致孩子出现诸多问题，内在表现为情绪障碍、心理不适及疾病症状；外在表现为学业不良、辍学、抽烟、酗酒、暴力倾向、离家出走、少女早孕、性交往混乱等。

得出上述研究结论与当时采用的研究立场和研究方法密切相关。适应整个社会对离婚的反感与排斥，学者们推崇的研究立场是社会本位，出于倡导家庭和谐与维护社会稳定的目的，惯性地将离婚污名化，作为有害现象加以否定。人们形成的基本研究前设是离婚是问题、离婚是缺陷、离婚有害、离婚对孩子造成负面影响。研究方法主要采用统计测量法,以离婚有害为基本研究维度,编制测评题目,交由研究被试作答,得出结论达到对研究前设的印证与支持。研究样本的选择主要采用二分法,即离婚家庭与完整家庭对比、母亲抚养与父亲抚养对比,由此证明离婚家庭的孩子问题重重,母亲抚养父亲缺位的孩子更是症状成群,危机四伏。

这一阶段的美国研究,社会本位与成人本位立场甚为凸显,渲染父母离婚对孩子的危害与创伤,遭受危害与创伤的孩子往往成为心理问题、违法犯罪的高发人群,告诫人们不要离婚,离婚会背上伤害孩子和损害社会的罪名。因为研究路径的印证取向与测评取向,几乎听不到孩子的声音与意见,问卷针对是孩子施测,但因为假设的选定与题目的编制都是成人主导,孩子们只是在成人预设的问题范围内涂涂改改,选 A 选 B,孩子们的体验与想法难以达到真实体现。

停滞期:离婚研究滞后于离婚现实

20 世纪 60 年代中期至 70 年代中期,美国的离婚率呈现井喷式爆发,面对急剧攀升的离婚现实,学界在知识储备、观念变革、研究手段与研究方法等方面明显表现出手足无措和应接不暇。

20世纪50年代及之前，美国学界基于传统的社会观念和维护社会稳定的立场，对离婚带给孩子的影响和社会的危害进行了充分的呈现与历数，目的在于告诫并劝阻已婚人士务必慎重对待婚姻，切记不要随便离婚。出人预料的是，耐心地呈现与动情地劝告，完全没有产生预期的效果，反而出现了离婚率攀升、离婚观念解放、离婚家庭的孩子大量涌现的社会局面。研究界受到当头一棒，几乎被打蒙。

这一阶段的研究仍然延续着20世纪50年代的研究惯性，一方面罕有创新性的研究观点与成果，研究数量与质量都显得不足，理论界跟不上社会现实的变化。另一方面，即使有研究成果出现，研究假设、理论观点、研究方法、研究结论等也是20世纪50年代研究态势的沿袭与重复，还是强调父母离婚导致父亲离家；母亲一人工作难以为孩子提供良好的经济支持；很多母亲仍然沉溺在离婚冲突的痛苦与纠缠中，情绪压力与养育负担严重干扰孩子正常发展；父亲缺失与母亲不力，使得孩子缺乏管教、放纵无序、混迹社会、问题不断，等等。研究方法仍然以标准化测评为主，很多人在沿用20世纪50年代研发完成的测评量表，进一步印证着父母离婚对孩子伤害严重的观点，坚定不移地认为遭受伤害与忽视的孩子容易出现心理扭曲和行为障碍，形成对他人和社会的风险。所以，离婚是极其危险的，离婚家庭的孩子是引爆社会问题的陷阱和隐患。

反省期：对前期研究的反思与修正

20世纪60年代的停滞，对学术研究而言，刚好是沉淀、反省与寻求突破的契机。20世纪70年代中期以后，美国学界围绕父母离婚对孩子影响的问题，呈现出积极的反思与修正态势。

进入20世纪70年代，美国社会的离婚状态呈持续上升趋势。有美国学者分析认为，与欧洲各国、北大西洋各国相比，美国的离婚率始终高于别国，即使是协议离婚并不流行的年代，情况也是这样。这与美国社会的家庭观念、工业化过程和政治体制都有关系。首先，美国具有高度尊重个人选择的文化，父母对孩子寻找伴侣、什么时候结婚、跟谁结婚等问题，介入很少。美国人比较看重婚姻中的个人感受、情分与亲密关系，强调爱是唯一基础，没有爱的婚姻，当然要结束。其次，经济迅猛发展带来劳动力市场的繁荣，女性获得了丰富的就业机会，赚取报酬，赢得经济独立与社会地位。女性不用依附于男人养活，自己有能力养活自己，养育孩子。而且，女性同男人一样奋斗在职场，需要男人一起分担家务、管教孩子。如果男性缺乏这样的观念与准备，容易导致家庭冲突，也是引发离婚不容忽视的原因。最后，文化方面的尊重自主、个人选择为重也是美国民众政治生活的反映，个人权利不得干涉、无条件地尊重个人利益、公民的个人隐私受到保护，这些政治生活方面的保障，也影响了美国人的婚姻自由，离婚完全是自己的事。

研究方法出现创新

离婚率不断攀升引发了学界的积极关注，不过研究领域与重要发现的进展并不明显，反而是研究方法的创新成为热点。众多学者将20世纪60年代研究的匮乏与僵化归因为方法的局限与陈旧，至此，质性研究方法受到普遍关注。表现在3个方面：（1）质性研究崭露头角。70年代以前，离婚影响研究基本是标准化测量一统天下的局面，几乎所有的研究设计都尊崇量化路线。编制量表—选定实验组与对比组—抽样试测—完善量表—正式施测—数据回收与分析—获得发现与得出结论，这是一条典型的标准化测量路径。优点在于凸显研究过程的科学化与规范化，用数字说话，避免观点的抽象模糊或模棱两可。缺点是将研究问题与研究对象机械化或简单化,对社会现实的解剖浮于表层,难以发现鲜活、具体、丰富的研究结论,用于指导实际工作时,效果有限。质性研究的诞生与盛行是对量化研究的补充与完善,目的在于弥补量化研究的表层与抽象,推进离婚影响研究走向深化和丰富。

(2)经验研究、临床干预性研究日益增多。心理辅导与心理咨询越来越多地介入对离婚夫妻及其家人的干预,特别是为了缓解孩子遭受家庭解体的创伤,加强对他们的心理抚慰和救助,成为人们普遍认可的补救措施。为此,基于临床干预过程实施的研究与发现成为这一阶段的特点。案例分析、个案跟踪、家庭干预研究等方式蔚然成风。例如,朱迪思·沃勒斯坦(Judith Wallerstein)教授领衔的项目开始于20世纪70年代,在加利福尼亚州展开,采用临床干预与参与式观察方法。研究持续了25年,获得了一系列重要研究成果,成为美国离婚研究领域的杰出典范。(3)研究层面深化并丰富。随着研究深度的推进,围绕离婚影响孩子问题,越来越多的层面受到关注。例如,离婚前的夫妻关系质量,夫妻冲突的程度,父(母)子关系状态;父母离婚时孩子的年龄,孩子的性别,离婚年限;父母离婚后孩子由谁抚养,居住方式,探视方式,抚养人的情感状态,抚养人的职业,离婚父母的关系状态;等等。这些趋向表明,美国学界围绕父母离婚对孩子影响问题的研究进入了深水区。

研究结论变化不大

与之前的停滞期相比,反省期的进步与发展是明显的,但存在的问题也不容忽视。

(1)疾病化倾向。因为心理学视角与方法的大量使用,心理干预、心理咨询、心理治疗成为主流。在研究取向上表现为,对离婚家庭孩子的心理和行为做病理化解释,较多关注孩子们表现出的焦虑、抑郁、痛苦、悲伤等症状,采用医患模式进行干预。较少注意孩子们具有的坚强、乐观、自制、灵活等品质,忽视了离婚影响的积极面,导致研究方向上的一些偏离。(2)短期观察多于长期跟踪。质性研究取向的盛行使得观察性研究颇为流行,形成了对单纯问卷法的丰富与弥补。但多数研究发现基于一两年的观察研究,结论有一定的新颖性,但短暂的观察过程,影响到研究结论的扎实性与信服度。(3)过程性研究不足。多数研究设计基于孤立事件,即抓住一个家庭、一个孩子或一个典型案例的信息,进行分析与探究,得出结论。缺少对研究对象进行过程性、纵向的解剖,导致研究所呈现的动态感、进程感、发展性维度明显不足。(4)消极结论多于积极结论。父母离婚对孩子产生怎样的影响,得出的结论基本是消极的,如孩子会出现感情冷漠、学业障碍、交往困难、行为偏差、社会适应性问题等。而现实中客观存在的离婚家庭的孩子所具有的独立、承担感、节俭、勤奋、善解人意等诸多积极状态极少被提及。(5)形成偏见共识。离婚必定对孩子有害。这样一种社会偏见时至今日仍然在美国社会颇有影响，尽管人们对离婚选择的宽容度、理解度已经有了长足的提高，但媒体、舆论仍然习惯于将离婚作为解释各种社会问题的罪魁祸首。

繁荣期：研究领域的丰富与深化

20世纪80年代以后，美国关于父母离婚对孩子影响的研究进入繁荣期，一直持续到2000年左右。学科背景的多样性、分析视角的创新性、探究范围的丰富性、研究立场的兼容性是体现繁荣兴盛的几个方面。

学科背景的多样性

离婚问题、离婚对孩子的影响问题是一个牵涉广泛、层面复杂、影响深远的社会课题，单一学科的理论框架很难完成对其的解释与应对。多学科关注、多理论探析是研究深化的必然选择。美国学界积极涉足这一领域的学科非常多，其中以社会学、心理学、法学、精神病学这4个学科的学术成果最为集中。

分析视角的创新性

研究视角呈现出两个转向：问题视角—优势视角，缺陷视角—能力视角。问题视角的表现是，在研究父母离婚对孩子的影响时，习惯于关注孩子出现了哪些问题，内在问题的具体表现，外在问题的具体表现，孩子们问题的日益严重与泛滥，提醒全社会务必重视离婚问题，千方百计地缓解和减少孩子们出现问题的可能性与严重性。优势视角的表现是，在关注父母离婚导致孩子出现问题的同时，更加重视那些良性发展、没有出现问题的孩子，整理并挖掘孩子身上表现出的优势倾向，从中探索生命积极动力的形成机制与过程，从而将干预的重点转移到对优势能力的强化和巩固，研究角度侧重在应对危机而不是避免危机，因为危机是无法避免的。

缺陷视角的特征是，研究的关注点聚焦于离婚给孩子造成的缺陷，解释缺陷形成的路径与归因。结论在于减少离婚，避免离婚，即便无法减少和避免离婚，也要设法减少和避免因离婚而导致的缺陷。能力视角的特征是，研究的关注点聚焦于孩子应对父母离婚的能力与办法，即便有些孩子出现了这样那样的问题，但他们仍然顽强地生活，必定有能力支撑。缺陷本身是一种施展能力的方式，关键是研究者能够从缺陷背后找到能力因子，缺陷是手段，能力才是目的，使孩子们隐藏在缺陷背后的深层生命力量得以展现和认可，是当代研究的重要创新。

探究范围的丰富性

20世纪80年代以来，围绕父母离婚对孩子影响的研究，探究范围的广度与深度都有了明显的推进。呈现出以下几种态势。

全过程研究。以往研究大都局限于离婚事件本身探讨孩子如何受到影响，形成一种基于孤立事件展开研究的态势。随着研究的不断深化与扩展，人们发现，离婚根本不是一个孤立事件，离婚前的夫妻感情基础，离婚中的双方感情状态，离婚后的相互交往方式，形成一个环环相扣过程链，都会影响到孩子的生存与发展。进入20世纪80年代以后，父母离婚对孩子影响的研究呈现出两端延展趋向。一端延伸到婚姻期间，通过关注夫妻婚姻期间的情感程度、情感类别、矛盾起因、冲突方式、纠纷应对等，分析家庭关系类型，评估家庭情感指数，了解亲子关系程度，以此论证父母离婚对孩子影响的方向与程度。另一端延伸到夫妻离婚之后的生活状态，是否有同居伙伴、是否再婚、再婚次数；离婚双方的交往方式、交往程度、交往性质；离婚双方的工作状况、经济水平、感情生活、事业态势等，分别作为直接影响因素和间接影响因素，进入研究者的视野。

离婚教育研究。美国学界对夫妻离婚中的关系处理尤为重视，因为离婚纠纷中一系列具体问题的协调与达成，直接关系到孩子的生存与生活，后续性影响不容忽视。基于常年关注离婚纠纷的经验与教训，美国学界将其提升到离婚教育的高度。工作重点由"大人中心"转移到"孩子中心"，不再是夫妻双方利益的分割与调节，而是孩子利益的保全与维护。谁抚养孩子、双方如何分担责任、非抚养方的探望方式、孩子跟谁居住、两边居住的轮换、抚养人的情绪调整、非抚养人的亲子关系、离婚双方的恩怨化解、双方亲属的协助抚养、祖孙关系的妥善维护，等等，都纳入了离婚教育的内容。除夫妻以外，孩子、重要亲属也要参加。教育方式有谈话、听课、心理辅导、法律调解、法官训诫等。法官、调解员、心理专家、教育专家都有可能担任教师。接受离婚教育分强制与自愿两种，加利福尼亚州、宾夕法尼亚州、俄亥俄州都以法律的形式规定下来，离婚夫妻必须接受离婚教育，少则半天，多则两天。还有很多州允许离婚夫妻自愿选择。近年来，关于离婚教育的内容、途径、效果、法律关系等方面的研究成果不断增多，为父母离婚对孩子影响的研究拓展了一个崭新的领域。

研究角度的细化。20世纪80年代之前，父母离婚对孩子的影响主要讨论两大方面：内在影响与外在影响。内在影响集中在情绪、情感、心理状态、精神疾患，外在影响集中于行为问题、人际关系、学业状态、违法犯罪等。20世纪80年代以来，对离婚影响的研究日益走向细化，出现了众多聚焦于专门问题的研究，如父母离婚与孩子物质滥用、父母离婚与孩子吸烟酗酒、父母离婚与孩子升学、父母离婚与孩子的幸福感、父母离婚与孩子的婚姻状态、父母离婚与孩子的情绪状态等。这些研究既有回溯性视角——就孩子当下的行为问题，回溯探讨父母离婚的影响；也有前瞻性视角——就父母离婚的影响，预测孩子未来的婚姻状况、发展状况等。

研究立场的兼容性。20世纪六七十年代的研究，成人立场尤为突出。从维护社会稳定与家庭和睦的立场出发，绝大多数人认为，夫妻离婚意味着家庭解体，家庭解体对孩子构成伤害，心灵和生长受到伤害的孩子容易养成不良习惯和行为偏差，成为扰乱社区和危害社会的风险因素。20世纪80年代以后，人们看待夫妻离婚影响问题不再是单一的成人立场，儿童立场成为研究者和实务人士普遍拥护的转向。

儿童立场意味着，判断父母离婚影响不能忽视孩子的声音，孩子作为家庭重要成员，他们不全部是父母离婚的被动受害者、消极承受者或无能为力者，孩子们使用自己特有的位置与能力，在父母离婚事件中，扮演着参与者、推动者、协助者、支持人甚至是重要影响人的角色。儿童有着不容忽视的能动性与力量，当父母婚姻无法维系时，他们有能力有办法以积极的、建设性的方式顽强生活，努力成长。儿童立场的人性基础是能力本位和发展本位，理论背景是积极心理学思潮的诞生与推广。积极心理学奠基于对人性的乐观判断与积极假设，强调人在危机与风险面前，会有巨大的潜力被激活和唤醒，人不会消极被动地自甘放弃，而是积极主动地应对改变，使风险与危机成为成长的重要契机。对儿童而言，如果说父母离婚是一次危机与挑战，相当多的儿童表现出积极能动的发展态势，而不是颓废放任的人生轨迹。

儿童立场、能力本位、发展本位共同形成了研究立场的兼容取向，相较于单纯的成人立场而言，在父母离婚对孩子影响这一研究领域，呈现出态度开放、视角新颖、取向积极、介入主动等富有正能量和影响力的研究样态。

脱节期：实务推进与理论研究相对脱节

20世纪90年代以后，美国学界围绕离婚问题的研究进入了突飞猛进的时期，仅2000—2009年，以"离婚"概念作为关键词的研究论文就有1980篇。研究范围之广，研究角度之新，研究方法的改进，都达到了前所未有的局面。据美国离婚研究领域的知名学者保罗·R.阿马托（Paul R. Amato）的综述概括，共有七大主题构成离婚问题的研究领域，有些经久不衰，有些方兴未艾。七大主题是：人口、经济情况与离婚；人际关系与离婚；离婚与孩子适应问题；与离婚有关的心理问题；影响孩子适应的因素；离婚对男人和女人的后果；离婚现象的干预。还有若干崭新的领域开始引起人们的关注，如同分居对孩子的影响；同性恋婚姻领养的孩子，分手后对孩子的影响；受教育年限延长与离婚率的升高等。这表明，围绕离婚问题的研究成果繁荣，建树喜人。

但与欣欣向荣的研究成果相比，实务干预领域的进展与推进并不尽如人意。正如美国学者琼·B.凯利（Joan B. Kelly）所指出的："美国的媒体很少报道上述新信息，公众、政策制定者在父母离婚对孩子影响这一问题上，仍然坚持统一的、尖锐的否定取向。公开出版物一如既往地大量报道离婚家庭孩子的问题、离婚家庭孩子与完整家庭孩子的差异，但并不具体提供差异的幅度、临床范围的比例等。""媒体、心理工作者、研究人员、保守的政治家、宗教人士都将离婚描述为结构问题、环境缺陷。"针对这一现象，有美国学者指出："相对于美国学界的开放与创新，美国社会的总体人群在对待离婚问题的观念上表现出十足的问题视角与保守主义。"

美国的研究对我国的启示

研究重点转变：影响问题转向适应问题

围绕父母离婚对孩子的影响问题，美国学界60多年的进程，呈现出一个明显的转向——父母主位向孩子主位的转移。站在父母立场，研究孩子被影响、被伤害、被救助，一定程度上体现出成人社会对孩子的关心与爱护，是社会义务与成人责任的反映。但背后隐藏着一个深厚的理念：儿童处于未成熟、待开发的生命阶段，难以决定自己的命运，必须由成年人代为表达和抉择。20世纪末以来，这一理念受到质疑，儿童果真没有想法、无力抉择吗？还是成年人根本没有把儿童的权利交给儿童？伴随着这种质疑声音的日益强劲，倾听儿童的声音，把儿童的话语权还给儿童，相信儿童的能力等观点被越来越多的研究者接受并实践。

适应问题的主位是儿童，即站在儿童立场、以儿童为出发点，探讨儿童对父母离婚的适应反应。儿童不再是消极被动的受动者，而是积极主动的能动者。面对父母离婚处境，儿童不是单纯的受害者、遭殃者或接受者，很多儿童以自己特有的方式参与父母的婚姻抉择，即使无力挽回父母的婚姻，也能够以建设性策略维护自身利益，减少不良后果。适应研究的深入主要体现在两个方面。

一是不单研究病态适应，更加关注健康适应。20世纪80年代以前的研究，探讨重点始终聚焦于孩子因父母离婚而出现的问题。内在问题上，大量检测出压抑、焦虑、抑郁、悲伤、怨恨、敌视等情绪不良与心理不适。外在问题上，对厌学、逃学、吸烟、饮酒、暴力、早孕、犯罪等偏差行为进行了细致的描述与归因分析。进入20世纪90年代以后，伴随着积极心理学思潮的兴起，抗逆力理论、优势视角理论先后受到重视。众多研究发现，如果将父母离婚视为青少年面对的危机或挑战，很多青少年表现出平静面对、参与调和、主动适应、独立自主、维护亲情、勤俭节约、奋发学习、开放接纳、灵活通融等诸多健康素质与发展水平。不但没有出现问题，反而表现出与完整家庭孩子一样的积极成长态势。近年来，健康适应研究逐步走向深入，除了呈现孩子们的健康适应表现，研究重点已延伸到达成健康适应的相关因素分析、内在因素与外在因素的关系、多因素的作用机制以及社会文化因素的作用方式等。

二是不单研究短期适应,更加关注长期适应。父母离婚作为家庭生活的事件之一,不是一个孤立事件,任何夫妻走向离婚,都是复杂多变的家庭关系的结果。因此,将离婚事件作为家庭过程的一部分,从过程视角看待离婚、看待离婚对孩子的影响,成为近年来日益凸显的研究趋势。追踪性研究受到重视,不仅关注孩子在父母离婚初期的反应,同时跟随孩子年龄的增长,观测他们在不同年龄段的适应性状态,形成一种历时的、动态的、过程性的记录,才能完整且全面地证明孩子适应父母离婚的自我成长路径,也才能实现儿童立场的真正落实与体现。

研究方法精致化:多种研究方法优化组合

过程研究受到重视。从离婚前的关系状态到离婚后的关系程度,全部纳入离婚研究的视野。如果父母关系和谐,比较恩爱,没有严重冲突,离婚对孩子打击比较大。因为婚姻的危机并不明显,孩子没有心理准备,还能从家庭中享受温暖,父母离婚作为突然事件,孩子难以接受。如果父母已经存在严重的关系冲突,争吵不断,战争不断升级,令孩子颇受搅扰,不胜其烦,父母离婚反而对孩子意味着解脱。离婚后的父母,如果能够顾全大局,相互妥协，相敬如宾，亲情不打折扣，对孩子的成长影响很小。如果父母双方耿耿于怀，相互诋毁，甚至以孩子作为砝码，恶语相向，孩子的心理和情绪将长时间受到干扰。

专题研究日益精细。父母离婚对孩子的影响包含着极其复杂的因素与介质，只有精细具体地解剖方能有所突破。美国学界的研究专题化趋向越来越明显。以单亲母亲对孩子的影响为例，已经分解出极其精致的研究角度，如母亲的职业、母亲的收入水平、母亲的受教育程度、母亲离婚后的情绪状态、母亲是否再婚、再婚几次；与父亲的交往方式、是否允许父亲探望、探望的频率、探望的时间与地点；母亲离婚时的年龄、孩子的年龄、孩子的性别、孩子的数量；母亲是否有新的对象、是否同居、换新对象的频率；离婚后居住的社区、社区中的教育状况、社区的文化，等等。

混合研究成为主流。量化研究经久不衰，但不再是量化研究一枝独秀。质化研究日益普及，多种多样的质化研究方式被采用，如观察法（参与式观察、非参与式观察）、访谈法、焦点小组法、文本分析法、个案追踪法、影像分析法等，或单独使用，或配合使用。量化与质化两大经典路径的混合采用成为方向，前期质化研究发现问题、确定选题、初步假设，量化研究进行量化印证与普遍性验证，后期质化研究对量化研究的发现进行深化与延展，进行解释，得出结论。

研究侧重发展性：由关注矫正到关注发展

婚姻解体肯定不是社会文化倡导的风气，即使像美国这样开放、民主的社会，人们对夫妻离婚的基本态度也是反对的。因此，将夫妻离婚定位为社会问题、定位为社会发展的不稳定因素，本能地加以防备与杜绝，也是美国社会由来已久的价值取向。社会对待离婚的总体倾向是矫正，离婚是问题——分析离婚形成的原因——针对原因加以矫正——减少离婚现象的发生，这是一条习惯性的研究线路。

美国社会发展证明，离婚现象并没有因为理论研究的批评而减少，离婚率不但没有降，反而一直在升高。为此，调整研究思路成为一种必然选择。也就是说，当离婚现象难以得到实质性抑制的时候，接受离婚的合理性，有效应对离婚带来的后果，也是一种积极的、发展性的选择。在以下两方面比较突出。

一是承认与接纳离婚的正面意义。离婚肯定与夫妻双方的关系质量有关，如果夫妻婚姻期间确实矛盾严重、冲突频发、关系恶化，离婚对双方、对孩子都意味着一种解放，孩子从紧张、痛苦、焦灼的家庭环境中逃离，对其成长反而是一件好事。已有研究表明，生活在父母关系紧张家庭的孩子比生活在离婚家庭的孩子，发生问题的比率更高。正视问题婚姻的恶劣影响，理智地选择离婚，给孩子一个稳定温暖的家，就是发展性导向的体现。

二是发现与总结应对离婚的积极策略。离婚本身是一个中性事件，引导离婚家庭的孩子主动发展、健康成长，才是探讨离婚问题的真意所在。坚持发展性取向，努力发现与挖掘离婚家庭孩子的成功经验，总结与提炼他们应对父母离婚的有效方法与积极策略，不仅关注那些因父母离婚而出现问题的孩子，更要关注那些来自离婚家庭但却健康成长的孩子，细致全面地解析这类孩子成长与成才的因素、机制与规律，对促进家庭和睦与社会和谐都是有帮助的。

3 离婚危害最小化：美国推行离婚教育的做法与借鉴

20世纪60年代至80年代，美国的离婚率持续攀升，引发了社会各界的关注与介入。为降低离婚导致的危害，特别是对孩子的不良影响，司法部门、教育机构、社区组织利用各自的工作平台和活动方式，开展了一系列缓解和消减离婚危害的行动，比如加大离婚调解、增设婚恋课程、开展离婚救助、维护亲子关系等，统称为离婚教育。其中渗透的过程性思维、发展性思维、优势视角思维对我国研究和降低离婚影响具有明显的借鉴意义。

"与其他国家相比,美国社会的离婚率始终处于高位,即使是协议离婚普及化之前,情况也是这样。"[1]20世纪50年代开始,离婚问题成为美国学者的关注热点,离婚对孩子的伤害、离婚家庭孩子的发展性障碍、父亲缺位引发的问题、离婚家庭孩子的抚养安排问题等陆续进入研究者的视野。"1965年前后,美国出现了离婚率的井喷式爆发,1998年美国社会统计局的数据显示,每年有超过100万不满18岁的孩子生活在离婚家庭。"[2]日益增多的离婚家庭孩子及其他们的发展和成长问题,成为美国人无法回避的社会问题。离婚对孩子产生危害是肯定的,如何将危害降到最小,成为最近二三十年来美国社会的思维重点。20世纪90年代以来,美国社会推行的离婚教育做法日益产生明显效果。本文将对几种较为成熟的离婚教育做法进行梳理、解释与分析,发现规律,获得借鉴,由此推进我国在相关领域的探索与实践。

离婚教育(Divorce Education)并未形成一个规范且严格的学术概念,而是美国学者对实践领域中针对离婚夫妻及其家人开展的调解、劝诫、辅导、咨询与培训等活动的总称。在美国,有的州强制离婚夫妻接受离婚教育课程,并以立法的形式规定下来,如弗吉尼亚、宾夕法尼亚、加利福尼亚等。有的州由夫妻自愿决定。有研究者报告,一半或3/4接受过离婚教育的夫妻,能够达成和解,

---

[1] Furstenberg FF, Teitlcr JO (1994), Reconsidering the Effects of Marital Disruption: What Happens to Children of Divorce in Early Adulthood? Family Issue 14:173-190.

[2] Paul R. Amato(2000), The Consequences of Divorce for Adults and Children, Journal of Marriage and the Family 62 : 1269-1287.

双方沟通积极，父子交往增加，亲情关系得到改善。①

离婚教育产生的背景

离婚率居高不下

正如美国学者自己所言，美国社会的离婚率一直比其他国家高，这种情况已经持续了一个多世纪，与美国特有的文化传统、经济状态及政治特点都有关系。美国人本身对此坦然接受。但是从20世纪60年代延续到80年代末期的居高不下的离婚潮，确实令美国人感到了问题的严重性。

离婚率的陡然攀升出现在20世纪60年代中期，美国学者用"戏剧化增加"（Dramatic Increases）一词加以形容。②1880年，美国的离婚率是7%，1980年是50%，③上升速度之快，令人咋舌。20世纪80年代，大约49%的夫妻以离婚结束他们的第一次婚姻。20世纪90年代初，40%~50%的孩子在他们七八岁的时候遭遇父母离婚。1989年，美国"儿童、青年与家庭特别委员会"发表的报告指出："美国全国大约1/4的孩子被他们父母的婚姻毁掉。"④美国人口统计局1992年做出的预计是，美国大约有40%的孩子出生或生活在

---

① Paul R. Amato(2010), Research on Divorce: Continuing Trends and New Developments, Journal of Marriage and Family 72 :650-666.

② Robert E. Emery(1999), Delinquent Behavior, Future Divorce or Nonmarital Childbearing, and Externalizing Behavior Among Offspring: A 14-Year Prospective Study, Journal of Family Psychology 13:568-579.

③ Teresa Castro Marti(1989), Recent Trends in Marital Disruption, Demography 26:37-51.

④ Pamela S. Webster, Effects of Childhood Family Background on Adult Marital Quality and Perceived Stability, American Journal of Sociology 101:404-432.

离婚家庭。[1]如此高的离婚发生率，促使美国人不得不开始反省，如何对国人进行婚姻教育，当中也包括离婚教育。

离婚家庭的孩子问题严重

父母离婚对孩子会有怎样的影响，是美国人最关心的问题，相关研究不计其数。绝大多数研究结论是：父母离婚对孩子影响不利，导致孩子出现一系列心理问题与行为问题。心理问题是内在的，具体表现为情绪低落、情感压抑、心情沮丧、精神紧张，严重的会发展为心理疾病，如焦虑症、人际关系障碍、抑郁症、自杀倾向、暴力倾向等。行为问题是外在的，常见情况有学习困难、厌学、逃学、打架、抽烟、饮酒、使用毒品、不安全的性行为、早孕等。朱迪思·沃勒斯坦及其同事在加利福尼亚州进行了25年的跟踪研究，他们发现："几乎一半的年轻人表现出焦虑、学习不良和自卑，有时感到气愤……成年早期的时候，许多人出现成长不适应，比如多角关系、冲动婚姻、快速离婚等。"[2]美国"国家儿童调查"的统计数据显示，18~25岁的离婚家庭的青少年，65%存在父子关系不良，30%存在母子关系不良，25%高中辍学，40%接受过心理救助。[3]令美国各界尤为担心的是，父代的离婚阴影往往在子代再次出现，父母婚姻冲突对孩子的伤害特别深刻，随着孩子年龄的增长，他们也能步入社会，成家立业，

---

[1] Robert E. Emery(1999), Delinquent Behavior, Future Divorce or Nonmarital Childbearing, and Externalizing Behavior Among Offspring: A 14-Year Prospective Study, Journal of Family Psychology 1999, Vol. 13, No. 4, 568-579.

[2] Wallerstein, J. S., & Blakeslee, S. (1991),Second chances: Men, women, and children a decade after divorce. New York: Ticknor & Fields.P.354.

[3] Nicholas Zill(1993), Long-Term Effects of Parental Divorce on Parent-Child Relationships, Adjustment, and Achievement in Young Adulthood. Journal of Family Psychology Vol. 7. No. 1. 91-103.

娶妻生子，但很多年轻人始终保留着童年的痛苦记忆，犹如一颗定时炸弹，隐患不断。

研究证明，对消除童年伤害记忆的有效途径是及时干预和适时救助。同样经历过父母冲突严重创伤的孩子，得到过心理咨询、心理治疗和情感辅导的人，比没有接受过帮助的人出现问题、重复父代悲剧的比例要小很多。这是积极倡导对孩子开展离婚教育的目的所在。

研究领域的新发现与新见解

进入20世纪90年代，美国学界关于离婚与孩子关系的研究繁荣丰富，涌现出一大批崭新的研究发现、独特观点和创新见解。比如，婚姻对孩子的伤害并不始于离婚本身，而是婚姻期间的冲突与暴力；婚姻是一个过程，关注婚姻比关注离婚更有必要；离婚是否导致孩子受损，损害的程度不取决于离婚本身，而是离婚双方与孩子保持怎样的关系；糟糕的婚姻对孩子伤害更大，离婚不绝对有害；离婚双方维护与建设良好的亲情关系，对孩子的不利影响可以降到最小；关系是家庭的根本，维护关系是保全婚姻的前提；孩子是婚姻的重要当事人，切忌忽视孩子的感受；维护孩子利益是降低离婚危害的关键环节，等等。

这些见解的核心思想在于，不要把离婚作为单独事件对待，需要置于婚姻的整个过程、家人的共同利益加以认识。婚姻的根本是关系的建设，即使婚姻不能持续了，维护和保护好亲情关系，不失为一种亡羊补牢之举。开展并强化离婚教育目的正在于此，维护关系，巩固关系，只要关系良好，离婚的危害就能降到最小。

美国离婚教育的几种做法

在美国，参与组织和实施离婚教育的部门有很多，司法机构、教育机构和社区组织发挥着主导作用。司法部门主要负责离婚诉讼与权益维护层面，工作重点在离婚起诉阶段对夫妻双方关系的和解与利益的调和。教育部门开展工作基本在离婚之后，重点针对离婚家庭的孩子开展辅导与帮助，防止离婚对孩子造成严重危害，尽可能减轻离婚的代价与损失。社区组织的工作阶段可以辐射到离婚前、离婚中和离婚后，因为一个家庭不得已走进离婚，往往是婚姻期间就存在着比较严重的矛盾、纠纷或冲突，意味着关系不良在前，离婚选择在后。社区组织可以在婚姻危机出现时，及时干预，防患于未然。离婚期间一般是夫妻双方争执与冲突的激烈期，争吵、打骂、暴力、冷战、回避、放弃都会对孩子产生伤害，社区的介入与关注，一定程度上有利于缓解孩子的遭遇。

离婚后，无论是单亲母亲还是单亲父亲，家庭经济困境、教育精力有限、成人的情绪不良、孩子的失落痛苦、搬家转学引发的不适，等等，都是社区人员开展离婚教育的必要时机与层面。

司法部门：离婚期间的调解与干预

离婚教育从夫妻双方向法院提出离婚申请的时候就开始了。提请到法院的离婚请求，大都存在着法律纠纷，财产分割，子女抚养，离婚后的子女探望，离婚双方与子女的居住安排等。美国学界大力倡导加强离婚调解程序，加大调节环节中离婚教育的比重，将夫妻婚姻冲突引导到建设性、发展性的轨道上来。少纠缠于眼前的、一时的对错与得失，更加看重夫妻双方通过离婚纠纷获得的自省与反思，认识自己的问题，调整自己的心态，理性处理双方关系，切实维护孩子权益。

组织者与教育对象。法院的主审法官负责组织离婚教育工作，根据离婚案例的特殊需求，可以邀请心理学、社会学、医学、家庭研究领域的专家学者承担具体的教育内容。接受离婚教育的主体是离婚的夫妻双方，必要的时候也可以邀请孩子、密切的家人、孩子的老师或社区工作者参与。教育课程可以在法院进行，也可以通过与周边大学、社区组织或研究机构的联动，将夫妻双方（或家人一起）邀请到大学的课堂、教授的研究室、心理诊所或者是社区活动中心。多方力量共同参与对离婚家庭的调解与干预。

时间安排与内容重点。法院主持的离婚教育，最短时间为90分钟，最长时间为4天，其间可以根据教育的难度与成效，安排1~2天或2~3天。教育内容侧重于以下几方面：（1）缓和夫妻冲突。帮助夫妻双方了解自己的性格缺陷，看清本人的心理误区，认识到关系模式存在问题，深刻理解离婚是性格缺陷与关系障碍的结果，离婚不是解决问题的终点，改变人格，发展自我，积极成长才是解决问题的根本。（2）达成利益妥协。孩子的利益是离婚处置中的最大利益和首要利益。一切本着有利于孩子成长和发展为目标，在财产分割、住房安置、孩子抚养、生活安排等方面，敦促和协调双方达成妥协，相互谦让。（3）孩子安排的落实。非抚养方的探望问题，对探望的间隔、频率、能否带走、能否过夜等问题全部达成协议。实践中的做法有很多，周末探望、单周探望、双周探望、一月一次、寒暑假接走等。坚持的原则是，非抚养方不能以任何借口不探望，抚养方不能以任何借口限制探望，孩子自身的意愿要给予充分尊重。孩子的居住安排问题以3种选择为主：跟抚养方居住，非抚养方保持探望；两边轮流居住，学前孩子可以周、月为单位轮流，学龄孩子，考虑到上学的方便，可以考虑上学期间在一边,放假期间在另一边;随机选择型,对于年龄较大、离婚父母居住较近,交通便利的地区,可以允许孩子随时在两边居住。(4)抚养方的支持保障。出于对孩子的保护,美国法律倾向于孩子由母亲抚养,这也带来了一些问题。经济拮据、母亲情绪不良、单亲管护精力不足、单亲教育对孩子不利等。法庭教育阶段会强制父亲承担充足的抚养费用,母亲有义务为维护父子关系创造条件,有义务接受心理治疗调整心理状态,离婚父母有责任提升自己的抚养能力。

价值理念与实践效果。司法部门在法律调解过程中,加强了教育成分的比重,其背后有着深刻的理念基础。从婚姻作为一个过程来看,离婚到底是坏事还是好事,不能一概而论。如果夫妻矛盾尖锐,家庭纠纷不断,离婚对大人和孩子其实是好事。从纷扰纠结的家庭痛苦中解脱出来,意味着一种解放。[1]如果夫妻感情尚可,不存在严重冲突,因一时冲动或外部原因而离婚,对大人和孩子会有伤害。离婚教育的根本目的在于化解离婚导致的伤害,尤其不能让孩子成为父母离婚的替罪羊。积极推进离婚教育,一方面使夫妻双方转变观念,提高认识,努力协调好离婚后的亲情关系,维护亲子联结。家庭架构解体,但亲子功能不能丧失。另一方面,夫妻走向离婚,婚姻当中肯定存在着干扰婚姻的问题,

---

[1] Paul R. Amato(2010), Research on Divorce: Continuing Trends and New Developments, Journal of Marriage and Family 72.

也许是性格问题，也许是行为缺陷。将离婚本身当作反思自我、改善性格的契机，为未来新的婚姻生活和长久的人生过程积累经验，就是将坏事变成好事的过程。在全美范围内，离婚教育兴起于20世纪80年代末90年代初，经过10多年的坚持，产生了明显成效。有关评估显示：一半或3/4的夫妻能够达成和解，减少继续诉讼或司法费用，促进了双方的满意度，保证了父子联结，促进了离婚双方的沟通。①

教育部门：离婚之后的辅导与援助

离婚家庭的孩子，要么见不到父亲、要么与单亲母亲艰难度日、要么受到父母双方的冷遇、要么夹在中间左右为难。②其中不少孩子出现了心理抑郁、精神压抑、学业困难、厌学逃学、抽烟酗酒、打架斗殴、违法犯罪的倾向与行为。有研究发现，离婚家庭的孩子如果不能接受及时有效的帮助与挽救，会在自己未来的家庭生活中复制父母的失误与不幸，将不良的家庭模式变成遗传。③孩子的救助与支持成为离婚教育中极为重要的部分。

组织者与教育对象。美国1998年的数据统计表明，每年大约有100万不满18周岁的青少年生活在离婚家庭。18岁以下的孩子，绝大多数是学生，如何帮助他们应对父母离婚引发的问题，

---

① Paul R. Amato(2010),Research on Divorce: Continuing Trends and New Developments, Journal of Marriage and Family 72.
② Christy M. Buchanan(1991), Caught Between Parents: Adolescents Experience in Divorced Homes, Child Development 62,1008-1029.
③ Sharlene A. Wolchik(2002), Six-Year Follow-up of Preventive Interventions for Children of Divorce, Journal of American Medical Association, October 16.

是学校教育工作者面临的课题。学生事务管理员、学校社会工作者、学校心理老师或家校合作联络员是组织与实施离婚教育的主力。学校社会工作者扮演着重要角色，面对需要干预、需求明显的离婚家庭的孩子，学校社工联合学校心理老师、社区关护人员、专业心理医生、社会公益组织，从微观、中观、宏观等不同层面，组合教育项目、提供教育课程。学校开展的多种教育活动同时面向父母，通过多种途径邀请父母到校与孩子共同听课、接受心理辅导、参加亲子课堂、学习教育技巧。除父母以外，孩子身边参与抚养的祖父母、直系亲属或法定看护人也是接受学校离婚教育的重点。

组织形式与教育内容。父母离婚对孩子造成有害影响是肯定的，但影响程度与多种因素有关，孩子的年龄、性别、由谁抚养、抚养人的状态、非抚养人的承担程度、离婚后的经济状况、离婚后的居住安排、离婚前的冲突程度、离婚前的亲子模式、孩子的认知水平、孩子的性格特征、抚养人的情绪水平、抚养人的生活能力、离婚双方的关系模式等；缓解有害影响的途径是丰富的，如离婚前的家人介入、离婚前的子女反应、离婚中的法庭调解、离婚中的亲友帮助、离婚后的心理干预、离婚后的成长辅导、离婚后的关系协调、离婚观念的更新与调整等；社会各界应对离婚危害的通力合作是有效的，比如司法机构的调解、学校老师的关爱、社区邻里的帮助、媒体宣传的引导、社会舆论的呼吁等。综合上述因素可以发现，孩子是家庭不可忽视的力量，当父母离婚已成事实的时候，对孩子展开工作是有效化解离婚危害的重要渠道。

学校实施离婚教育大多利用课堂教学、班级管理、心理服务、课外活动、家校合作等机会，针对不同处境、不同需求的学生分层、分类教育。[1]

（1）融入课堂教学。利用学生心理课、生活课或专题讲座，老师或专业人士向孩子们普及心理知识，教授情绪缓解技能，训练应对家庭冲突的方法。引导孩子们主动求助各种社会力量应对父母的不理智行为，学会自我保护。（2）开展心理干预。针对父母正在离婚、已经离婚或家庭冲突激烈的学生，开展个别咨询和小组辅导。帮助孩子排遣心理压力、调整不良情绪、改变认知方式或掌握行为策略。（3）行动研究干预。跟踪研究表明，受父母离婚干扰的孩子一般会有两个层面的问题表现，一是心理层面（internalizing problem），二是行为层面（externalizing problem）。父母离婚初期，绝大多数孩子会有情绪低落、心情压

---

[1] Sharlene A. Wolchik (2002), Six-Year Follow-up of Preventive Interventions for Children of Divorce, Journal of American Medical Association, October 16.

抑、精神紧张、悲伤无助等内在反应，若能得到及时的干预与帮助，情绪情感问题会随着时间的推移得到缓解。如果不能得到及时关护与帮助，就会出现一系列问题行为，如厌学、逃学、打架、顶撞老师、吸烟、饮酒、夜不归宿、暴力倾向等。为了清晰区分两个阶段的转换机制、影响因素及干预关键，很多美国研究者与大、中、小学合作，开展行动研究。如由美国知名学者朱迪思·沃勒斯坦牵头的一项为期25年的研究项目，采用的方法就是与学区学校合作，甄选符合条件的离婚家庭学生，利用团体活动、个案访谈、参与观察、家庭访问等手法，干预过程与研究过程同步推进，吸引教师参与、进行教师培训、开发培训课程、实施离婚教育。[1]

（4）亲子辅导活动。将孩子的家人引入教育课程，不仅影响孩子，同时影响家人，达成学校与家庭的认同与配合。具体分为单亲母亲与孩子共同参与、非抚养父亲与孩子共同参与、其他抚养人与孩子共同参与等形式。通过学校搭建的桥梁与机会，促进亲子沟通，消除亲子误解，缓和父母矛盾，优化教育关系。（5）家校互动合作。亲子辅导活动是家校合作的一种形式，当孩子的父母因为地理位置、工作安排、时间协调等原因不能参与辅导活动、不能定期来校沟通时，学校会利用电话、信件、短信平台、电子邮件、开学典礼、重要仪式等多种形式保持与家长的联络与沟通，保证学校离婚教育的理念与内容传递到家长的内心，影响到家长的行动。

---

[1] Judith S. Wallerstein(2004), The Unexpected Legacy of Divorce: Report of 25-Year Study, Psychoanalytic Psychology Vol. 21, No. 3, 353-370.

社区组织：离婚前后的建设与改善

美国的社区组织既丰富又活跃，众多民间团体、公益机构、青年社团、宗教小组等在离婚教育的组织与实施中发挥着作用。因为这方面的形式与内容极为庞杂，难以进行简单的综合与提炼。在此选取两个典型案例，加以呈现和说明。

"社区为本的家庭生活教育"。[1]这一项目由"芝加哥家庭健康中心"（Chicago Center of Family Health，CCFH）负责策划和推广，发起人是芝加哥大学社会服务管理学院的弗洛姆·沃尔什（Froma Walsh）教授和她的同事约翰·罗兰（John Rolland）。通过与社区社会工作服务站、移民管理服务站、家庭医疗服务中心、就业培训服务中心、青少年活动中心、警务服务站等机构联手，推广多种系列的家庭生活教育，如针对慢性病人家庭的康复培训、针对新移民家庭的适应教育、针对失业家庭的再就业培训以及面向离婚家庭（包括单亲家庭、再婚家庭）的教育训练。

社区家庭生活教育的核心理念是：团队合作、多元系统、社区为本、服务灵活和预防取向。针对离婚家庭、单亲家庭和再婚家庭的特点与需要，项目组开发的课程与活动包括：

---

[1] Froma Wash (2006), Strengthening Family Resilience (Second Edition), New York，The Guilford Press, P174.

社区课堂——讲授与解答维护家庭和谐与优化亲子关系的知识、信息、技能和方法；

亲子工作坊——讲解和训练家庭教育、亲子沟通、矛盾处理、应对冲突的理念与方法；

夫妻课堂——专门讲解或训练处理夫妻冲突、缓和夫妻矛盾、化解家庭危机的理论和技巧；

青少年营会——利用寒暑假组织青少年远足、露营、历奇拓展，培养青少年坚强的意志、合作精神、应对困难的技巧以及阳光向上的心态，预防他们在面对家庭危机或学业困难时，出现不良反应；

社区心理服务——针对出现轻度心理问题的成年人和青少年及早介入，定期家访，跟踪辅导，密切关注，防止问题恶化或严重化；

街区联谊会——利用各种公共节假日、体育赛事、传统仪式，组织社区居民广泛联络，彼此熟识，增进情感，建立社会网络，形成支持力量。

项目在芝加哥市及周边地区已经持续推行了23年，取得了广泛的公众赞誉与社会效应，受到美国本土研究者与实务工作者的积极反响与热情效仿。2006年，弗洛姆·沃尔什教授将他们探索的理念与经验写成专著，由美国吉尔福德（Guilford）出版社向全球发行。书中所传递的价值理念、理论思考、实务模式、操作手法及其丰富的运作技巧正在世界各地的同行中推广。

"新起点项目"（The New Beginnings Program）。[1]项目是在亚利桑那州菲尼克斯城的马里科帕（Maricopa）县进行的。从1992年3月1日持续到1993年12月31日，近两年时间。这是一个典型的干预项目，由亚利桑那州大学"干预研究中心"与得克萨斯大学"人口研究中心"的学者共同策划和督导，由两所大学心理学专业与社会学专业的硕士生和博士生负责主持。社区组织，如居民中心、青少年活动中心、邻里联络中心等，参与了从获取名单、组员招募、沟通联络到入户访问、邀请说服、确定人选、项目运作的诸多工作，项目的全部过程都是在社区平台上推进和实施的。

项目实施分成两个组："母亲干预组"与"母子干预组"。"母亲干预组"的成员全部由单亲母亲组成，组员招募通过地方司法部门提供名单，项目组发函或电话联络，邀请符合条件的单亲母亲参与项目，还有少量通过媒体广告、邻里推荐或机构转介而来。在社区的积极宣传和项目组的多方努力下，有81位单亲

---

[1] Sharlene A. Wolchik(2002), Six-Year Follow-up of Preventive Interventions for Children of Divorce, Journal of American Medical Association, October 16.

母亲参加项目。"母子干预组"的附加条件是孩子与母亲同时入组，有一个年龄在 9~19 岁的孩子与母亲共同参加项目的全过程，接受干预。参与此组的成员是 83 人。

项目组为"母亲干预组"提供 11 次活动，每次 1 小时 50 分钟，活动中始终有 2 名临床心理师参与，每次活动结束后为 2 名母亲提供个别咨询和辅导。活动内容集中在协调母子关系、优化家庭规范、促进父亲承担和缓和父母冲突。借助的理念和知识包括社会学习理论、认知—行为改变技术。

针对"母子干预组"提供的活动也是 11 次，每次 1 小时 50 分钟，同样配备 2 名临床心理师，活动结束后为 2 人（或两对母子）提供个别咨询和辅导。活动主题涉及：提高应对技巧、减少负面认知、调和母子关系等。在解决问题能力、重构认知模式、挑战标签化、解构消极认知等具体技术技能方面有较多训练。

项目组的后期评估显示，参与项目的母亲、孩子都表现出显著的改变。母亲在吸烟、饮酒、毒品使用以及精神状态等方面都有明显提升，改善幅度分别是 20%、50%、10% 和接近 10%。孩子的改善表现在：心理状态提高 70%、接触性伴侣降低了 68%、行为问题下降70%、精神问题下降20%。

|美国离婚教育的理念总结与借鉴可能|

降低离婚危害从加强婚姻建设开始

离婚意味着夫妻关系存在着不良与危机，救助离婚家庭，起点不应是离婚本身，应该是离婚之前的关系建设与维护。大量研究表明，婚姻中的夫妻冲突、争吵打斗、相互攻击，使家庭成员长期处于紧张、防御、担忧、恐惧乃至敌视的情绪状态，这种情绪氛围将孩子置于危机、两难、痛苦与挣扎的处境。出于逃避与防御的需要，孩子有可能流荡在外、夜不归宿、结交损友、走向犯罪。出于寻求呵护与关爱的需要，孩子有可能过早恋爱、随意交往、听信他人、误入歧途。出于发泄与抱怨的需要，孩子有可能抵抗父母、不服管教、自我放任、为非作歹。出于学习与模仿的需要，孩子有可能性情暴虐、情绪不定、破坏倾向、攻击泛滥。

将离婚教育前伸到婚姻建设是一种更为能动、更为建设性的理念与心态，标志着补救性思维向预防性思维和发展性思维的转变。现有的美国离婚教育开始于高中，利用高中课程、俱乐部活动、主题教育等方式，帮助青年人了解性别特征、尊重性别差异、学会自我保护、懂得彼此爱护。通过丰富多彩的活动，为青年人创造交往机会，加深彼此认识，发展纯真爱情。大学阶段的爱情受到成年人的支持与保护，男女生家长本着祝福孩子、保护孩子的心理，积极创造机会加强双方家人的接触与沟通，参与孩子们从爱情到婚姻的发展进程。社区机构和一些青年组织，利用公益活动、社区讲座、爱心人士捐助等机会，组织适龄男女、新婚夫妻围绕婚姻保鲜、夫妻恩爱、家庭建设、子女教育等专题传播积极理念，教授养育经验，化解家庭矛盾，协调家庭冲突，维护家庭稳定。可以看出，美国离婚教育的核心是预防离婚，为了减少不幸婚姻导致的不良后果，从即将进入爱情的年龄就开始了。

将婚姻危机转化为发展机遇

不是所有的婚姻都能幸福美满，也不是所有的夫妻都能白头偕老，各种客观原因、主观原因导致婚姻终止、夫妻情断也是在所难免的事实。以前人们出于保护孩子、维护家庭稳定的需要，常常对离婚当事人批评指责、舆论谴责，导致对离婚夫妻的标签效应，对离婚家庭孩子的刻板印象和社会偏见。

离婚本身肯定不值得倡导，但发掘与扩展离婚的积极意义却是大有可为的。把离婚作为一个关系调整、个人反省和孩子成长的机会，体现着向优势视角、发展视角的转变。优势视角主张，失能和病态只是危机后果的一种可能，采取资源为本的认识方式，将专注于问题和缺陷的传统思维，转向专注于资源和能力的发展性思维，就能够从危机与挑战中发现与激活新的发展机遇与可能。前文已经指出，夫妻走向离婚，意味着双方或一方在关系处理上存在缺陷，也许是恃强跋扈，也许是自我中心，也许是不懂尊重，也许是言行粗野。离婚将双方置于一个自省的情境，警示双方主动反思自己的行为做派和思维方式，发现自己的问题与局限，认清自己的性情与人格，积极进行调整，努力加以完善。从一次失败的关系中，汲取教训，总结经验，改善言行，为今后各种人生关系的建立与延续奠定基础，开启新方向，这是离婚带来的转机，也是人生成熟与发展的标志。

保全亲情是缓解离婚危害的关键所在

离婚只是夫妻关系的结束，亲子关系并不因此终结，保全与维护离婚父母与子女的亲情关系，不要因为夫妻情断而使父（母）子感情大打折扣甚至相互折磨、恶语相向，是降低与减少离婚危害的关键所在。

保持亲子关系。无论夫妻双方谁做监护人，都要主动保证孩子与另一方的联系与相处。在探望时间、共同居住、经济资助、责任分担、情感支持等环节做好协调与配合。不要相互指责、限制孩子，更不要把孩子控制在自己手中，向对方施加压力、给对方制造麻烦，报复对方，伤害对方。孩子是生命，不是工具，被作为工具使用时，生命的际遇很可能就会受到污染，遭受扭曲，最终的受害者恰恰是孩子，这是离婚夫妻最大的悲哀。

优化亲子关系。作为监护人，承担孩子的抚养责任，自己有义务积极调整心态，努力改善生活，创造有利条件为孩子提供必要的和必需的生活空间与情感氛围。不要将自己在婚姻中受到的伤害传递给孩子，不要将夫妻扭曲的关系形态复制到亲子关系，不要将自己对生活的不满与恩怨发泄给孩子。要用最短的时间、最快的速度，调整好心态，找到积极生活的动力与源泉，形成建设性生活的方式与状态，与孩子建立彼此信任、相互支持、共同担当、陪伴成长的同盟与伙伴。

开发亲子关系。离婚后，孩子身边或者没有爸爸，或者没有妈妈，但不等于生活中没有促进人成长的资源。除了非监护一方积极主动履行责任，减少对孩子的伤害以外，监护人要积极开发亲戚朋友、老师同学、社区伙伴中的人际资源，避免孩子因父（母）

缺位有可能出现的成长缺陷。比如充分利用祖父、外祖父的人生经验，帮助单亲母亲抚养的男孩学习与效仿成熟男性具有的人格与特征。利用姑姑、姨妈的陪伴，帮助离婚家庭女孩与成年女性相处，学习与理解女性成长的经验与智慧。利用老师同学的爱护，帮助离婚家庭的孩子学习与人为善、相互尊重，形成健康友善的人际关系。

总之，伴随着社会发展的加速与巨变，离婚现象的存在与多发将是一个不容回避的事实。因循原有做法：劝告人们，为了孩子不要离婚；呈现孩子问题，警示人们离婚的危害；通过舆论力量，指责与批评离婚父母多么不负责任，这些不失为一种方式，但已远远不够了。帮助离婚夫妻，以理性的、建设性的、发展的心态和角色对待离婚，处理关系，维护亲情，善待孩子，是一种更为能动性的选择。这是美国离婚教育带给我们的深刻启示。

4 抗逆力：关注离婚家庭的重生能力

每个家庭都有可能遭遇挑战。比如家人重病、家人遭遇伤害、婚姻亮红灯、夫妻矛盾、工作不顺利、发展受阻、事业停滞、朋友背叛，等等。这些问题都会以各种各样的形式、程度出现在家庭进程中。不是生活的特殊态，而是生活的常态。

抗逆力是家庭应对压力，恢复常态并获得健康发展的能力。绝大多数家庭都有能力面对危机，应对挑战。家庭修复力、家庭复原力不是神奇的东西，是每个家庭都可能具有的。关键是家人要掌握相关知识与信息，主动运用比被动应付效果好很多。

家庭抗逆力包括两大阶段：调试阶段与适应阶段

调试阶段是家庭遭遇危机时的初期反应。此阶段有两个关键环节，一是风险评估，二是家庭资源激活。风险评估与家庭已有的功能模式有关，如果家人有能力发现风险的意义，比如正面评估、接受现实、反应常态化，就有利于积极家庭互动。另外，充分激活家庭资源，包括内在资源（价值观、凝聚力、坚强、幽默、知识、信息、技术等）与外在资源（朋友支持、社会网络、政策法律等）。总之，家庭不会困在原地，发现意义、激活资源的过程就是解决问题与应对风险的过程，目的在于使家庭回归和谐与融洽。

适应阶段是家庭成长的表现。即使调试阶段没有达到希望的和谐与融洽，也是对家庭已有功能模式的修补与完善。可能会出现一些新功能，与保存的功能交互作用，将家庭带入新局面。重新评估家庭局势，发现家庭模式、关系、范式中富有正向的东西。同时继续延展和激活家庭资源（家庭自身的、同事、社区、社会中一切可以利用和借助的资源），将二者梳理、组合、重组，都是解决问题和应对危机的过程。即使没有想象中的融洽与美满，经过上述过程，家庭也会成长的。

应对压力是过程，不是终点。有能力、有勇气、有智慧、有方法的调试与适应家庭的各种变化，这本身就是生活。和谐与融洽是人们期盼的，正是因为存在不和谐、不融洽，人们才盼望和谐与融洽的美好。因为我们将不和谐、不融洽解决了，修复了，才证明了家庭的顽强与伟大。家人就是在这当中体会到爱、陪伴、温暖、支持与相守，体会到家的不可或缺。

相信孩子的抗逆力

我们在对110个离婚家庭孩子的访谈中发现，孩子们在逆境中发展得不错，学习水平和成绩挺好，人际关系也不错，还能胜任一些班级工作。由此表明，离婚家庭的孩子和普通家庭的孩子没有不同，并非人们偏见中认为的他们会出现各种各样的问题。我们将这样的成长称为抗逆力状态。因为父母离婚本身，对孩子确实是一种逆境，身处逆境，反而激发出了孩子抗击逆境、抵御危机的能力。他们更善于将自己周边的资源整合起来，更具备成长的力量。

抗逆力具有两大源头：内在资源和外在资源。前者指孩子自身的发展，包括认知能力、情商等，比如看待事物的视角、乐观的人生态度，积极主动的生活观、幽默开朗的交往方式等。在这个层面上，引导孩子从优势视角看问题，即总能从不好的事物中找到好的一面的能力非常重要。外在资源指的是孩子周边所具有的支持或促进其健康发展的环境与条件，比如社会对离婚家庭的态度趋于理性；孩子即使遭遇父母离婚，也没有被切断与另一方的联结；亲人、朋友等提供的爱和关怀等。因此，离婚父母不必过于担忧孩子的成长，只要你自己能积极、乐观、努力地生活，孩子一定会蓬勃生长。

｜离婚父母，务必好好爱自己｜

离婚父母，最关心孩子的未来。他们往往花费比一般父母更多的心力去关注孩子，希望孩子不要因为家庭结构的改变而受到影响，我们的观点是，离婚父母一定先照顾好自己的情绪，好好爱自己，切忌带着"委屈"的情绪去养育孩子。

如果离婚父母不能处理好自己的情绪，养育过程中，一定会以潜意识的方式带出来。一个人养育孩子，为孩子付出更多。如果始终以这种"我很委屈"的情绪作为生活背景音乐，心中的潜台词就是"我现在委屈地付出，你今后必须回报"，这在无形中会给孩子带来巨大的心理压力。

从建设性角度出发，离婚父母如果想让孩子尽量少受影响，成长得更顺利的话，先要调整好自己的情绪，好好爱自己。让孩子在你创设的平和、宽松、和谐的环境中，拥有一份轻松的爱。

协调关系，离婚伤害降到最小

有些家庭，即使双方关系恶化到严重程度，仍然声称为了孩子选择不离婚。其实，这并不是对孩子真正负责任的选择。试想一下，父母冷漠相对，恶语相向，争吵不断，冲突频发，这样的家庭环境怎么可能让孩子感受到温暖和爱呢？

父母离婚是对孩子的伤害，也是压力的开始。但当我们完成了110个离婚家庭孩子的访谈之后，发现很多孩子讲述自己受到的伤害，大多是在父母离婚之前。那个阶段，家庭中的争吵、奇怪的氛围，甚至一方长期不在，让孩子内心有很多恐惧、焦虑和不安。不少孩子表示在父母告知他们决定离婚的时刻，长出了一口气。可见，孩子受伤并非从父母离婚那一刻开始，离婚之前，糟糕的家庭关系对孩子伤害更大。为此，我们需要关注婚姻破灭的整个过程，而不仅仅是离婚这个节点，不要以为只有离婚这一瞬间才伤害到孩子。如果双方的关系确实无法修复，就应该理智处理，做出保护孩子的理性选择，不要在双方的相互伤害中再伤害孩子。我们确实也经常看到很多离婚家庭，婚姻结束了，但关系没有恶化。父母承担各自的责任，为对方提供条件爱孩子，这样的离婚，对孩子而言，就会将伤害降到最小。

经营关系，孩子利益放首位

美国社会的离婚高发期出现在 20 世纪 60 年代，为了消解离婚纷争对孩子的伤害，专门出台了离婚教育项目。除了从司法层面对离婚夫妻的财产、责任等进行分割和处置之外，最关键的内容是如何最大化地保护孩子的利益少受侵害。比如谁做孩子的监护人，如何探视，周末跟谁过，是否轮流出席家长会，寒暑假谁管等。谨遵一个重要原则，就是最大限度地保全孩子的利益，要求双方就这点建立高度共识。聘请心理专家给离婚双方做心理疏导，化解心理误区，缓解心理应激，妥善处理与孩子的关系。现在，有些州还加入了亲子关系、离婚后双方如何相处等方面的教育。

离婚可以成为成长的新起点

离婚父母的自我觉察和自我成长尤为重要。因为每一段失败的婚姻，都不是一个人的错。如果当事人不能很好地整理过去，审视自我，依然会把婚姻失败中的某些不利因素带入亲子互动或人际关系，给下一次的生活失败设下陷阱。但是如果当事人能够主动反思，勇于觉察，发现上一次婚姻的问题所在，积极改善，主动改变，就有机会让离婚变成一个人再次成长的起点，变得更加成熟、理性，也更具弹性。这样的离婚父母，有能力找到更好的自己，有能力以新的自我开始新的情感历程，也会拥有新的爱情，新的生活。

放下偏见，营造健康社会生态

家庭、学校、伙伴、老师，共同构成孩子的生活环境，还有一个很重要的环境，就是媒体的影响。几年前，我们完成了一项研究——"媒体偏见"，《离异家庭孩子的媒体形象：偏见与纠正》。我们选定特定时间段内的100多篇媒体报道，发现90%以上报道视角都是负面的，比如"离婚家庭的孩子数学成绩差""离婚家庭的孩子是犯罪高发人群""离婚家庭的孩子情商低""离婚家庭的孩子免疫力差",等等。经过分析,我们发现相当多的媒体是观点先行,即报道中有意无意寻找对这个群体不利的痕迹,将其放大、反求证。如果坚持客观报道,就会发现,犯罪也好,情商低也好,健康状况不良也好,来自于普通家庭的孩子的比率也不低。因此,我们呼吁媒体放下对离婚家庭的偏见,为这些家庭和孩子营造正向、积极、健康的生态圈,为离婚家庭孩子激发抗逆力营造更好的外在环境。

父母必读养育系列图书

内容简介： 在色彩日益丰富、育儿方法层出不穷的今天，我们给育儿、给孩子、给自己添加了越来越多的负荷。慢慢地，我们开始怀疑自己的养育方式，但静下心来想想是我们的眼睛和心态出了问题：我们不敢相信自己的眼睛，不敢相信自己的判断，不敢相信自己做父母的资格；甚至不敢相信自己的孩子，不敢相信他们与生俱来的自我成长的生命力。

这套书的作者是心理学家。然而，他们既不以向读者传播心理学的概念和理论为目标，也没有标榜要给读者设计什么"成功"的方案。相对于很多"望子成龙"的图书，这套书无论从内容到设计都很朴素、平实，字里间几乎见不到所谓"人才""竞争"这些词汇。然而它触及的却是人的内心。

内容简介： 这是一本写给年轻爸爸妈妈的成长教育规划书，内容涉及当今养育生活细节，直击父母关心的养育痛点，书中一桩桩的小故事，每一幕都会让你惊呼"对！说得没错！就是这种想法！"兰海老师用智慧将现实典型小案例与教育规划指导相结合，解读孩子成长密码，用理解、接纳和爱，打开养育孩子的全新世界，帮父母成为孩子的成长规划师。

内容简介： 从一位资深幼儿教育者的视角，作者通过她的见闻和自己的故事，来与大家分享教育孩子路上的点滴与历程。对于养育孩子这件事，没有标准答案，也没有速成班，唯有用心去呵护，去引导才能让孩子不断在这个世界中，找寻真实的自己。16篇亲子故事，不仅带给你养育的经验，更重要的是引发思考，懂得如何一起同孩子成长，又该在慢养的路上如何勇敢前行。

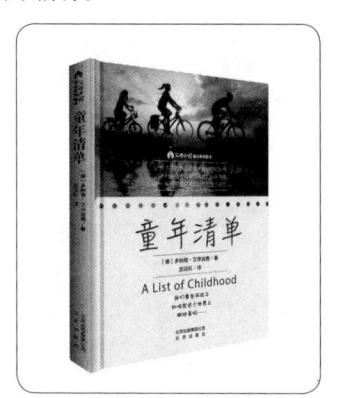

内容简介： 一本在欧洲引起极大轰动的畅销书，一份挑战传统教育观念的认知清单，一种开启童年美好回忆的生活理念。我们要告诉孩子如何在世界上拥抱美好……